Pascal DURET
Professeur de sociologie à l'université de La Réunion

Peggy ROUSSEL
Maître de conférences à l'université de Rennes 2

LE CORPS ET SES SOCIOLOGIES

Sous la direction
Francois de Singly

NATHAN

Dans la même collection

Domaine : Sciences sociales

18. François de Singly, *L'Enquête et ses méthodes : le questionnaire*
19. Alain Blanchet, Anne Gotman, *L'Enquête et ses méthodes : l'entretien*
41. Marcelle Stroobants, *Sociologie du travail*
46. Yves Grafmeyer, *Sociologie urbaine*
69. Philippe Adam, Claudine Herzlich, *Sociologie de la maladie et de la médecine*
88. Philippe Corcuff, *Les Nouvelles Sociologies*
98. Claudette Lafaye, *Sociologie des organisations*
99. Catherine Rollet, *Introduction à la démographie*
107. Jean-Manuel de Queiroz, *L'École et ses sociologies*
119. François Laplantine, *La Description ethnographique*
122. Daniel Bertaux, *Les Récits de vie*
124. Jean Copans, *Introduction à l'ethnologie et à l'anthropologie*
137. Jean-Claude Kaufmann, *L'Entretien compréhensif*
184. Jérôme Lafargue, *La Protestation collective*
209. Martine Segalen, *Rites et rituels contemporains*
210. Jean Copans, *L'Enquête ethnologique de terrain*
216. Anne-Marie Arborio, Pierre Fournier, *L'Enquête et ses méthodes : l'observation directe*
239. Véronique Munoz-Dardé, *La Justice sociale : Le libéralisme égalitaire de John Rawls*
240. Olivier Martin, *Sociologie des sciences*
241. Emmanuel Pedler, *Sociologie de la communication*
247. Philippe Corcuff, *Philosophie politique*
260. Vincent Caradec, *Sociologie de la vieillesse et du vieillissement*
268. Michel Bozon, *Sociologie de la sexualité*
277. Claudine Herzlich, *Réussir sa thèse en sciences sociales*

ISBN : 2-09-191258-1

Internet : http://www.nathan-u.fr

SOMMAIRE

INTRODUCTION

L'objet « corps » par le foisonnement de ses modes d'entrée possible renseigne non seulement sur la société mais aussi sur les principaux courants de la sociologie.

L'attention portée par les sociologues sur le corps n'est pas nouvelle. Émile Durkheim dans *La Division du travail social* en faisait un élément indispensable à la vie sociale car en permanence mis en jeu. Dans *Les Formes élémentaires de la vie religieuse,* il décrivait le corps, au centre de l'expérience de socialisation par la mise en présence des fidèles. Depuis, les sociologues ont beaucoup écrit sur le corps. Avec les années 1980, une génération d'auteurs s'est donnée une nouvelle ambition, en partie provoquée par la grande attention portée au corps dans la société contemporaine : celle d'en faire une branche de recherche spécifique. Un tel projet souhaitait répondre à la prolifération des discours et des pratiques qui plaçait le corps au rang des préoccupations majeures de nos contemporains. Son objet principal devait être « l'étude des situations de mises en jeu du corps » (Berthelot, 1983).

Mais ce programme n'est pas aisé à mettre en œuvre, en effet il rencontre plusieurs difficultés.

La première tient dans l'engouement même dont le corps est l'objet et qui ne résout en rien le problème de sa constitution comme branche de connaissance autonome. La sociologie du corps ne peut se définir ni comme l'étude d'une pratique (telle la sociologie du travail ou la sociologie du sport) ni comme celle d'une institution (telle la sociologie de la famille ou la sociologie de la religion) ni enfin comme celle d'un groupe particulier (telle la sociologie des générations, la sociologie des classes). La place privilégiée qu'il occupe dans notre société reste insuffisante pour le faire passer du rang d'objet d'étude à celui de discipline. Le corps en soi n'a pas d'existence, ce sont des individus que l'on rencontre et non des corps. Par delà l'évidence de la présence de notre corps, nous n'y découvrons jamais que les manières de penser le rapport à soi et aux autres. L'objet sociologique n'est donc pas le corps mais les acteurs qui le mobilisent.

La deuxième difficulté tient dans la « transversalité » de l'objet corps qui peut être étudié par différents domaines de la sociologie (la sociologie de l'éducation s'intéresse au corps à travers la discipline, la sociologie de la santé au corps au travers des soins qu'on lui apporte…). Plus globalement, le corps est un carrefour des sciences sociales. Ce manque de spécificité, puisque toutes les pratiques sociales entraînent à la fois la mise en jeu et la production du corps, ne facilite pas sa démarcation d'autres objets proches, d'où le risque permanent pour une sociologie du corps de dilution de son objet.

Enfin, prendre le corps comme objet central d'étude comporte une difficulté d'ordre épistémologique consistant dans une pluridisciplinarité mal comprise à verser dans un malheureux mélange des genres où le sociologue se satisfait plus qu'ailleurs d'emprunt à la psychologie, voire à la psychanalyse au nom de la complexité de l'objet. Plusieurs disciplines peuvent certes éclairer l'objet corps, mais il n'y a plus d'interdisciplinarité possible dès lors que leurs frontières évanescentes se dissolvent dans une illusoire approche indifférenciée. Si il n'y a pas de domaine réservé dont les sociologues seraient *a priori* exclus, c'est au prix de rester fidèles à leurs méthodes et à leurs concepts.

Les ambitions d'une sociologie du corps doivent se limiter. Le corps peut être pris comme fil directeur guidant l'attention du chercheur. Le corps, comme visée centrale renseigne alors sur les conceptions que toute société se fait des personnes et que toute personne se fait de la société. En cela, il pose aux sociologies plusieurs questions intriquées les unes aux autres.

Les premières concernent l'identité. Dans quelle mesure le corps sert-il a nous définir ? Comment permet-il de penser l'articulation entre soi et les autres ? Donnée de soi permanente mais aussi modifiable, le corps ouvre par ses métamorphoses des possibilités de transformation de l'identité.

Les secondes renvoient à la différenciation sociale : Quelles formes prend la socialisation différentielle en fonction des groupes sociaux ou encore des sexes ? Ces différences produisent à leur tour quels types de variations au niveau des usages sociaux du corps ?

Les réponses à ces questions ne sont pas univoques mais révèlent plusieurs mises en tension comme celles entre l'affirmation de l'appartenance à un groupe et l'appropriation de soi, entre le « je » et le « nous », entre l'encrage et la transformation, entre le corps marqueur social et le corps effaceur des appartenances statutaires, entre l'apparence et l'intériorité...

Pour présenter les réponses apportées par les sociologues, le plan de l'ouvrage comprend trois parties. Dans les premiers chapitres, nous rappellerons le rôle tenu par le référent « corps » dans les modèles d'analyses proposés par les différents courants sociologiques, structuralistes (Chapitre 1), interactionnistes (Chapitre 2), ou encore partant de l'expérience sensible de l'individu (Chapitre 3).

Dans une deuxième partie, nous nous focaliserons sur les questions de la gestion de l'apparence dans le processus d'individualisation. Qu'il s'agisse de décrire la place du corps dans l'individualisme de masse (Chapitre 4) ou de l'évolution contemporaine des normes de beauté (Chapitre 5) seront mis en avant les rapports entre construction personnelle et assignation collective. Contrairement au raccourci ne voyant dans la montée de l'individualisme qu'un effacement des formes collectives, il s'agira d'envisager comment le corps suscite des attentes contradictoires.

Une troisième partie enfin portera sur le rôle du corps dans la construction des identités de genre (Chapitre 6) et plus généralement sur les modes de contrôle social sur le corps (Chapitre 7).

Comme dans tout ouvrage de synthèse visant à donner des repères sur un domaine, l'itinéraire proposé au lecteur passera par les grandes bornes jugées indispensables pour s'orienter dans la littérature sociologique. Il présentera également des jalons de la plus récente actualité en montrant en quoi ils sont porteurs d'avenir. Comme outil de travail, ce manuel ne dispense pas pour autant d'un retour aux sources citées ; il s'espère une invitation à la lecture, plus un guide qu'un substitut.

1

CORPS, STRUCTURES SOCIALES ET DIFFÉRENCES CULTURELLES

Les sociologues ont adopté des modèles mettant en jeu différentes échelles d'observation pour analyser les usages et les fonctions sociales du corps. Dans la perspective d'un constructivisme structuraliste[1], certains s'intéressent, « en champ large », aux rôles du corps dans la construction et l'affirmation des identités à l'intérieur de groupes sociaux différenciés.

1. CORPS ET GROUPES SOCIAUX

1.1 Le corps et ses habitus

Pierre Bourdieu s'est souvent focalisé sur la dimension corporelle des pratiques sociales[2]. Pour l'auteur, le corps exerce au moins une triple fonction : de mémoire, d'apprentissage des habitudes de classe et de marqueur de position sociale.

L'auteur repère deux formes principales d'objectivation de la mémoire et de l'histoire (1979, 1992) : une dans les institutions et l'autre dans les corps. Les deux se rejoignent dans le mécanisme d'incarnation des institutions dans certains corps : celui du roi, du prêtre et du banquier deviennent la monarchie, l'église ou le capitalisme fait homme[3].

1. Où la réalité sociale est montrée comme une construction mettant en jeu des structures objectivées à l'analyse.
2. Le mot « corps » constitue régulièrement une entrée dans les index de ses nombreux ouvrages.
3. L'auteur insiste : « l'institution n'est complètement viable que si elle s'objective durablement non seulement dans les choses mais dans les corps » (1989 : 97).

L'histoire personnelle, indissociablement liée à celle du groupe social d'appartenance, sédimente dans le corps sous forme d'habitus. Le corps est donc une mémoire active, le lieu d'inscription de la loi du groupe (*lex insita*) accordant les « agents » et les pratiques en dehors de tous calculs stratégiques, et le plus souvent de toutes références conscientes. Pour l'auteur, le corps est une sorte « de pense-bête » qui « entraîne l'esprit sans qu'il y pense » (1980 : 115). Une des originalités de ce modèle sociologique est de rejeter les dualités entre corps et esprits, compréhension et sensibilité[1] et de leur substituer une dialectique entre les structures mentales et les corps.

Le corps en tant que véhicule des habitus est l'outil d'une transmission souvent infra-consciente des dispositions sociales et des goûts (alimentaires, sportifs, esthétiques...). En effet, l'habitus est conçu comme la forme incorporée de la condition de classe, et des conditionnements sociaux qu'elle impose. Le corps est bien alors au centre de l'expérience de classe comme mécanisme tout à la fois d'intériorisation (d'incorporation précoce de valeurs) et d'extériorisation des dispositions ainsi acquises (Bourdieu, 1980). Les « agents » sont ainsi englués dans le social au point de ne pouvoir prendre le recul réflexif nécessaire à le comprendre. Toutefois grâce aux propriétés de leur corps et à leur « sens pratique », ils peuvent jouer parfaitement leur partition sociale sans même avoir à y réfléchir. En développant une métaphore sportive, l'auteur suggère que l'habitus incorporé est une sorte de « sens du jeu » permettant à l'« agent » d'anticiper le futur en s'y orientant à l'avance, guidé par ses origines (Bourdieu, 1994).

1.2 Le corps lieu d'une prime éducation de la morale de classe

Le corps apparaît comme le support privilégié de l'apprentissage, et en particulier lors de la prime éducation. « L'élevage des enfants », l'éducation de la propreté, de l'hygiène, du maintien représentent un moment crucial de

1. Pour affirmer que le corps est source d'une intentionnalité en soi et pour soi l'auteur est obligé de mobiliser des idées phénoménologiques chères à Merleau-Ponty pour venir à l'appui de sa sociologie structurale (Bourdieu, 1992).

l'incorporation des structures et des hiérarchies sociales. Si le corps est un outil par excellence des apprentissages c'est qu'il apprend beaucoup, retient bien, et souvent sans même mobiliser la conscience de celui qui apprend. Il assimile des rapports sociaux sans même prévenir et alerter l'agent qui subit et participe à cette incorporation. Par une succession de petits gestes, « jugé sans importance et que l'on fait sans y penser » (Pinto, 1999 : 204) s'inscrit l'ordre social dans le corps sans pourvoir être contesté car restant inaperçu. Les pédagogies corporelles masquent l'ordre qui les fonde et qu'elles perpétuent : « Toute la ruse de la raison pédagogique réside précisément dans le fait d'extorquer l'essentiel sous l'apparence d'exiger l'insignifiant » (Bourdieu, 1972 : 197).

Dans une démarche proche des travaux de P. Bourdieu, Luc Boltanski a pris pour objet les soins du corps que les mères portaient à leurs jeunes enfants (1969). Cette étude correspond aujourd'hui à une sociologie datée de la puériculture et des soins maternels. Mais, elle a permis de dégager des principes d'opposition dans le traitement du corps et également de mettre à jour des différenciations dans les discours des médecins à destination des mères des différents groupes sociaux. Pour l'auteur, dans les années soixante-dix, si les femmes des classes populaires ne suivent pas strictement les conseils édictés par la puériculture, c'est que moins familières des avancées de la médecine, elles sont plus attachées aux soins traditionnels. La proximité avec les savoirs signe donc aussi une moindre distance temporelle[1]. Les mères des classes défavorisées seraient dépositaires d'un savoir sur des soins plus ancien alors que le goût pour la nouveauté croîtrait avec les classes sociales. En outre, le médecin, principal agent de diffusion des savoirs médicaux sur le corps entretient des relations différenciées avec les mères. Il expliquera le pourquoi de ses décisions plus volontiers quand celles-ci appartiennent aux classes supérieures et se satisfera d'un rapport d'autorité lorsqu'elles sont issues des classes populaires. Ces femmes adoptent des normes correspondant pour les autres mères à un savoir révolu sur le corps. L'auteur note, par exemple, que les mères populaires continuent

1. Selon la place qu'ils occupent dans la hiérarchie sociale, les sujets détiennent un savoir plus ou moins récent sur le corps et ses soins.

comme au début du siècle à allaiter leur bébé au sein[1]. S. Gojard (2000) distingue dans la même perspective deux modes de diffusion des règles d'alimentation des nourrissons : d'une part, un « mode savant » caractérisé par le recours au pédiatre comme prescripteur du régime alimentaire et adopté plutôt chez les femmes des groupes sociaux supérieurs et d'autre part un « mode familial » fait de transmission « intergénérationnelle » surtout fréquent chez les femmes de milieux populaires.

D'une manière générale, les catégories d'alimentation utilisées sont indissociables des représentations globales du corps. L'introduction des repas riches en féculent et en viande aura toutes les chances de faire l'objet d'attributions différentes. Les mères des classes populaires partageront la conviction « d'avoir donné des forces à leur bébé », « de l'avoir bien calé », alors que la critique de la « lourdeur » des aliments, qui renvoient aux « encombrements digestifs » ainsi que la peur de l'obésité croîtront avec l'élévation dans l'échelle sociale. Les deux diététiques s'opposent. Dans la première, la bonne nourriture est celle dont les effets se matérialisent immédiatement dans la chair en donnant du volume. Dans la seconde, les aliments sains sont ceux qui nourrissent le corps sans l'enlaidir. Ce ne sont donc pas seulement les catégories fonctionnelles et sanitaires mais aussi esthétiques qui sont mobilisées. Le beau bébé en milieu populaire doit être potelé, joufflu, fessu, charnu, en bref tout en rondeur ; il convient au contraire dans les milieux aisés de se méfier de l'obésité et de la « nourriture malsaine » qui fait grossir inutilement les enfants. Ce débat se prolonge dans les devoirs de la mère. Le premier devoir de la femme enceinte en milieux aisés sera de ne pas prendre « trop de poids » de ne pas se « laisser déformer », de « ne pas s'abîmer » ; après l'accouchement, il se transformera en une exigence de retour rapide au poids idéal, c'est-à-dire au niveau de désidérabilité, précédant la grossesse. Inversement en milieu populaire, le souci de beauté virgi-

1. En cela, l'étude est bien datée et n'échappe pas au vieillissement. Ainsi avec le renouvellement des méthodes de puériculture l'allaitement maternel est en l'an 2000 fortement conseillé, tant et si bien qu'on ne sait plus si les mères des années soixante-dix décrites par l'auteur sont des retardataires ou des éléments précurseurs.
De même l'opposition entre médecine curative et visée de prévention n'est plus aujourd'hui synonyme d'une opposition entre médecines nouvelles et médecines traditionnelles. Ou alors faut-il préciser que la médecine nouvelle a réinvesti des pans de connaissance comme celui des plantes, de l'homéopathie…

nale de la femme enceinte est jugé au mieux ridicule au pire immoral. Les femmes qui n'allaitent plus « de peur de s'abîmer la poitrine » manquent à leur devoir de femme et perdent leur féminité à tant vouloir la conserver (Boltanski, 1969 : 94).

1.3 Les usages sociaux du corps

Les enquêtes statistiques (comme *INSEE première*, n° 356, 1995) montrent que subsistent des variations morphologiques en fonction des milieux sociaux. Les cadres dépassent de plus de quatre centimètres en moyenne les ouvriers. L'écart est moindre pour les femmes des mêmes catégories. Mais la balance les distingue encore plus nettement que la toise puisque les ouvrières sont trois fois plus nombreuses à accuser une surcharge pondérale d'au moins vingt pour cent supérieure à la norme du rapport poids-taille de la table Lorentz.

Mais en outre, plusieurs études de ce même courant sociologique ont montré (Boltanski, 1971, Bourdieu, 1979, 1984, Mauger, 1987), les principales différences entre la culture somatique des classes populaires et celle des classes « bourgeoises ». Or paradoxalement, au sujet du corps, Bourdieu a sous utilisé son modèle de classement des agents sur un espace des positions sociales en deux dimensions (capital économique et capital culturel). Si le capital culturel a servi de facteur explicatif déterminant pour distinguer sur des objets proches les oppositions de goût (par exemple entre certaines pratiques sportives[1]), les analyses de l'auteur touchant au corps sont restées principalement organisées par l'opposition entre pratiques populaires et pratiques dominantes (ou savantes[2]). En milieu populaire, prévaut la représenta-

1. Ainsi à la fin des années soixante-dix, C. Pociello construisit en référence à l'« espace des positions sociales » une structure hypothétique baptisée « système des sports » organisée par une double opposition entre d'une part les pratiques énergétiques et les pratiques informationnelles et d'autre part, entre les pratiques mécanisées et les pratiques à caractère écologique.
2. Ce cadre soulève directement la question de la démocratisation de certains soins du corps. Les réponses oscillent entre une politique active de « rattrapage » du retard des classes populaires au risque de procéder à une « imposition de légitimité », considérant la culture dominante comme seule digne d'investissement. Soit chercher à revaloriser la « culture populaire » traitée non plus comme une absence de culture dominante et savante en lui reconnaissant ses propres formes de légitimité (Crignon, Passeron, 1989).

tion d'un corps outil corrélative d'un rapport instrumental à l'organisme. La valeur de virilité (Bourdieu, 1998) inscrite dans les corps permet de comprendre beaucoup des conduites de ceux qui ne peuvent compter que sur leur force de travail. Les acteurs surinvestissant les critères d'utilité et de fonctionnalité du corps dans une vision mécaniste se trouvent aujourd'hui dans une position précaire. En effet, cette conception est menacée par la dévaluation de la valeur professionnelle de l'engagement corporel et ce d'autant plus que croît le niveau d'instruction et de diplôme alors que diminue l'importance du travail manuel au profit du travail intellectuel. Cependant, la célébration de la force n'a pas totalement disparu. Ainsi pour les jeunes des cités (Duret, 1996), il ne suffit pas d'être musclé encore faut-il éviter de passer pour un *Boy's band*, ou une « tata ». Ces jeunes se réjouissent d'apprendre qu'ils ont un corps qui fait peur ; pour eux, plaire n'est plus charmer mais intimider. « Je suis une bûche, je suis stockma, plus je fous la trouille plus on me respecte » nous confiait un grand frère de banlieue parisienne (Duret, 1996).

La force physique en milieu populaire est d'autant plus sacralisée qu'elle constitue l'ultime ressource qui puisse être mise en avant pour se définir. Dernière carte à abattre quand on manque d'atouts économiques et culturels, le corps est un vecteur de réhabilitation identitaire parce qu'il permet de sauvegarder l'honneur (le « respect » en langage indigène). Antidote à la honte, à l'humiliation scolaire, la force physique restaure l'estime et procure la certitude d'être malgré tout un « dur »[1]. La célébration de la dureté corporelle renvoie aussi à la résistance au mal et aux atteintes faites au corps. Tant que le corps reste perçu essentiellement comme un outil, il convient de l'écouter le moins possible pour ne pas réduire son activité. L Boltanski souligne que « si on attend la dernière extrémité pour aller voir le médecin ou « rentrer à l'hôpital » c'est que les contraintes de la vie quotidienne interdisent ou rendent extrêmement difficile l'abandon de ce que l'on exige du corps » (1971 : 219). La maladie dans les classes populaires est comme une panne ou un accident soudain qui appelle une médecine curative (où le médecin réparateur doit remettre sur pieds le malade). La maladie corporelle se définit par

1. Valeur dévaluée sur le marché de l'emploi où elle trouvait hier de nombreux débouchés, la force n'est pourtant pas dans les cités qu'une pure illusion, les jeunes peuvent la gérer sur deux marchés : celui de la délinquance et celui de sa prévention.

la douleur et se réduit à elle. Être en bonne santé c'est pouvoir oublier son corps.

Inversement, dans les milieux aisés être en bonne santé c'est faire attention à son corps. Les membres des classes supérieures ont une perception plus acérée et plus diversifiée des messages lancés par le corps. Ils n'établissent pas une différence aussi tranchée entre l'état de santé et de maladie. La maladie, pour eux, s'inscrit dans le temps, c'est une dégradation progressive d'où il découle une « écoute » plus constante et plus inquiète au service d'une démarche préventive. La construction d'une telle dichotomie a pourtant ses limites : le refus de s'écouter, par exemple, sous la pression de contraintes économiques qui interdisent d'interrompre le rythme d'activité quotidienne ne concerne-t-il vraiment que les classes populaires ? De même, quand les ouvriers changent de rapport au temps (retraite par exemple), changent-ils de rapport au corps ?

1.4 L'*hexis* corporel

L'*Hexis* corporel est constitué d'un ensemble de conduites fortement intériorisées au point de devenir des dispositions permanentes. L'autre dimension de l'habitus, nommée par P. Bourdieu l'*Ethos* concerne les dispositions éthiques. L'une et l'autre se renforcent. Un bon exemple de la puissance d'un *hexis* est fourni par Pinçon et Pinçon Charlot (1998) dans leur étude sur la haute bourgeoisie quand ils montrent comment l'élégance est moins liée à certains habits qu'aux « bonnes manières » corporelles. Celles-ci reviennent à un étalage discret de techniques et de savoirs faire propre à la société mondaine (savoir marcher avec légèreté mais avec assurance, avoir un port de tête altier mais décontracté) reposant sur une parfaite maîtrise corporelle[1]. Avoir « de la classe », c'est montrer par son corps que l'on fait partie d'une certaine élite. La démarche, en particulier, constitue une véritable carte de visite : même en smoking ou en costume à queue de pie, on reconnaîtra l'homme des banlieues populaires s'il s'avance en chaloupant tel un pingouin sortant du bain. Les conditions à respecter pour être élégant doivent être parfaitement intériorisées pour paraître en outre « naturelles ». Cette opération d'effacement des efforts, de

1. Si après un stage intensif de danse de salon vous dansez la valse en comptant laborieusement les temps dans votre tête vous allez paraître « moins naturel » que si vous la dansez depuis l'âge de dix ans.

gommage des apprentissages permet de présenter l'habileté acquise par la discipline corporelle comme un talent inné, transformation essentielle aux rapports de domination en ce qu'elle les justifie et incite les dominés à les accepter.

Pour P. Bourdieu, la perception des hiérarchies sociales renvoie à l'immédiate perception de la posture. La dignité de la personne s'exprime par son maintien et sa rectitude. Le classement entre le haut et le bas du monde social s'illustre par l'opposition entre le « droit » et le « courbé » suggérant celle, entre la « droiture » et ses deux antonymes « la fourberie » et « l'avachissement » mais aussi celle, entre l'homme et la femme[1]. P. Gaboriau montre qu'aux antipodes sociaux de la haute bourgeoisie, les clochards ont également intégré cette grammaire corporelle. La posture du mendiant ne peut aujourd'hui se suffire d'un regard baissé, d'un corps voûté, et d'une main tendue, il doit aussi suggérer la prise sur son destin.

1.5 Contre-pieds

Pour Bourdieu les « agents » incorporent des habitus qui en retour vont jouer sur la manière dont ils perçoivent, entretiennent et utilisent leur corps. Cette analyse circulaire a supporté plusieurs critiques visant soit à minorer l'emprise des habitus comme système global de dispositions (orientées par l'expérience et orientant l'action), soit encore à relativiser le caractère nécessairement collectif de ses expériences, soit enfin à remettre en cause l'enfermement dans des oppositions binaires de type dominants/dominés. Nous ne reprendrons pas la critique abrupte de l'habitus comme bulldozer du collectif déblayant le singulier[2].

1. Dans « la cueillette des olives », un de ses exemples favoris, l'auteur montre comment le travail corporel par à coups de l'homme droit et dressé s'oppose à celui de la femme qui courbée vers le sol ramasse dans un effort continu avec souplesse- et soumission- ce que l'homme a fait tomber du haut de l'arbre. En opérant une ethnographie des paysans montagnards de Kabylie, l'auteur confirme la structuration de la division du travail entre les sexes par les oppositions binaires haut/bas, droit/courbé, devant/derrière. Ces catégories qui président à la construction des corps sexués sont chargées de sens anthropologique et parfois cosmologique séparant les saisons, le sec et l'humide, la nuit et le jour (Bourdieu, 1972, 1998).

2. Puisqu'il s'agit là pour P. Bourdieu d'une ressource et non d'une limite de sa théorie « l'habitus pose que l'individuel et même le personnel est social et collectif » (1992 : 57).

Cependant, on peut hésiter à s'engager dans la construction d'un monde binaire et hiérarchisée où la diffusion des modèles se ferait toujours du haut vers le bas de l'échelle sociale. Certains modèles aujourd'hui semblent au contraire diffuser du bas (des cités) vers le haut (des beaux quartiers) et plus manifestement encore des jeunes vers les moins jeunes, qu'il s'agisse d'habillement, des manières de parler, et des manières d'imposer sa présence corporelle aux autres. Ainsi, le trouble identitaire de qui veut devenir un homme (Duret, 1999) provient moins de l'absence de référence que de la profusion de modèles contradictoires. Du coup, la domination masculine (Bourdieu, 1998) ne s'exprime pas dans un social unidimensionnel où s'opposeraient de façon univoque le légitime et l'illégitime, le dominant et le dominé. Quand cohabitent des valeurs hétéronomes, il faut considérer que certaines conduites peuvent être à la fois légitimes et illégitimes.

Il convient tout autant de se défier de l'analyse faisant du corps un marqueur social par excellence en suggérant que posséder du capital corporel revient au contraire à désactiver le jeu des appartenances au point de dispenser de s'interroger et d'être interrogé sur ce que l'on est statutairement. Pour P. Bourdieu si le corps est le lieu de la dénégation au social (Bourdieu, 1979)[1], cette dénégation en elle-même ne peut être prise au pied de la lettre, il faut au contraire dévoiler ce qu'elle cache c'est-à-dire les fonctions du corps comme outils de classement et de reproduction distinguant goût et appartenances sociales. Dénonçant cette prétention à la neutralité, l'auteur dévoile dans *La Distinction, critique sociale du jugement,* le rôle des « habitus » en tant que forme incorporée de la condition de classe dans les jugements portés sur le corps tant du point de vue de l'esthétique, des soins que de l'alimentation. Le corps, loin d'être sans attache sociale, est donc au contraire pour l'auteur un élément central du système de dispositions. Le corps est certes un facteur de permanence de l'identité (qui dit « qui je suis ») assurant la continuité de l'être pour soi et pour autrui[2] mais l'on pourrait remettre en cause son incapacité à établir des relations sociales hors

1. Un des postulats épistémologiques de ce paradigme sociologique reste la non-conscience des « agents », citons l'auteur quand il parle du corps « il est peu de cas où la sociologie ressemble autant à une psychanalyse » (1979, 9).
2. La question du maintien de l'identité se pose avec acuité quand l'individu se transforme physiquement.

du schéma pré-constitué par les habitus. Le corps, pour peu qu'il adopte les canons de la culture de masse (muscle et minceur) n'est-il pas au contraire un moyen de circulation dans le social, une manière bien réelle (et pas une simple dénégation) de mettre entre parenthèses le soi statutaire ?

On peut prendre pour exemple pour accréditer cette thèse le succès des émissions comme *Loft story* [1]. Si l'on abandonne la dénonciation radicale externe (celle s'attaquant à la trash-télé) pour s'intéresser aux motifs d'adhésion des spectateurs et essayer de comprendre de l'intérieur l'engouement et l'approbation du public, on réalise mieux les raisons de l'inefficacité de l'agitation critique des « intellectuels »[2]. Alors que ceux-ci fustigeaient sans relâche l'action de brouillage des frontières entre vie publique et vie privée[3], induit par le dispositif du Loft qui plaçait les participants, durant des semaines, sous l'œil des caméras de façon quasi permanente, les spectateurs se délectaient tout aussi intensément de la mise en avant des corps au prix de la mise entre parenthèses des identités sociales. L'émission offrait certes un échantillon presque représentatif de la jeunesse tant les lofteurs étaient fortement stéréotypés (le beur karatéka, l'intello anti-sportif, la BCBG surmaquillée…), mais par-delà cette diversité une caractéristique commune stimulait particulièrement les jeunes téléspectateurs : l'absence même de qualification de leurs nouveaux héros. Ils s'approprièrent les personnages d'autant plus aisément qu'ils n'étaient que des corps. Arrêtons-nous un instant pour prendre la mesure de ce paradoxe : à l'inverse du reportage sportif, *Loft story* proposait de mettre à l'écran non pas des champions exceptionnels mais des jeunes ordinaires. Les jeunes téléspectateurs passaient pour

---

1. Le succès de l'audimat (94 % de l'audience des 15-24 ans) a été d'autant pus remarquable qu'il montrait la force de la résistance des téléspectateurs à la critique. Des millions de jeunes téléspectateurs, puis de tous âges, ont opposé passivement leur consommation privée du spectacle, à l'agitation intellectuelle de ceux qui, publiquement, les condamnent. Cas exemplaire d'une limite de l'influence de persuasion des « intellectuels » et du clivage consommé entre l' « intelligentsia » et le « peuple » comme l'a noté N. Helnich dans « À l'aise dans la décivilisation », in *L'Art en conflit*, La Découverte, 2002.

2. Dans la première édition du Loft, Aziz est surveillant pas délinquant, Kenza est commerciale pas au chômage

3. *Loft story* a transgressé plusieurs frontières de l'intimité corporelle (notamment sexuelle). La seule qui ait résisté est la frontière excrémentielle puisque les caméras sont restées hors des toilettes.

l'occasion du plaisir d'admirer des stars sportives enviées mais inaccessibles à celui de trouver des vedettes insolites bien souvent plus quelconques qu'eux-mêmes. Les jeunes faisaient remarquer : « ils sont comme nous » inversant au passage le sens de l'identification classique (nous sommes comme eux). Dépouillés de leurs rangs et de leurs statuts sociaux (Singly, 2001)[1] les lofteurs prônaient un idéal d'interaction basé sur l'exposition de l'intime mettant en suspend ce que l'on est en société ou ce que l'on sait y faire. Le corps passait alors de marqueur social à son inverse : effaceur de différences statutaires. Le corps semble bien du coup servir de sésame par lequel on accède à l'intimité des personnes pour voir qui elles sont « vraiment » tout en mettant entre parenthèses les identités sociales. Posséder du capital corporel, pour le dire dans le style de Bourdieu c'est détenir une forme d'excellence qui en procurant la satisfaction d'être conforme à ce qui est unanimement recherché met en suspend les autres capitaux possédés par les « agents ».

2. Des différences culturelles

2.1 Parer et marquer le corps dans les sociétés traditionnelles

Tatouages, scarifications, perçages servent dans les sociétés traditionnelles à écrire le monde et la loi du groupe à même le corps (Carrouges, 1976 ; Gröning, 1997, Godelier et Panoff, 1998). Le corps n'est acceptable que couvert de signes d'appartenances, manière de rappeler que dans ces sociétés, il est une ressource collective, et non un bien privé. Se tatouer revient donc à mettre le monde extérieur dans sa peau, avec pour fonction en quelque sorte d'accueillir l'environnement. Mais il convient d'éviter un contre sens anthropologique produit parfois par un ethnocentrisme appliquant les modes de penser de l'individu occidental aux sociétés traditionnelles (Borel,

1. L'auteur note qu'à aucun moment ils sont appelés par leur nom mais uniquement par leurs prénoms. Cet abandon correspond à un mythe fondamental des choix électifs : la personne ne peut se confondre avec sa valeur sociale mais pour ce qu'elle est par-delà ce masque.

1992) : ces substances ne sont pas étrangères au corps car il a lui-même pour matière première la nature. Dans les sociétés traditionnelles, les frontières du corps ne dessinent pas celles de l'individu[1]. Les marques du corps renseignent alors sur le rôle attribué à la nature dans l'origine et le développement des personnes. Godelier et Panoff (1998) montrent que les marques servent à rappeler que l'union d'un homme et d'une femme ne suffit pas pour obtenir un nouvel être humain ; chez les Baruya de Nouvelle-Guinée par exemple, le père est censé renforcer les os du fœtus par le don du sperme, la mère fournir la chair à l'embryon, mais celui-ci ne verrait jamais le jour sans l'intervention du soleil sur le ventre maternel pour faire pousser le nez et dessiner la face du bébé. En conséquence, en signe de reconnaissance c'est le nez qui va être percé et tatoué. Chez les Mandaks de Nouvelle- Irlande, les enfants sont pensés comme le produit de deux couples celui formé par le père et la mère mais aussi celui de *Moroa* et *Sigirigum,* les deux personnages mythologiques représentant le cosmos et la société, qui sont de fait tatoués dans les paumes des mains .

Le corps est donc dans ces sociétés une totalité « socio-cosmique ».

D'où la difficulté à adhérer à l'analyse du psychanalyste Bruno Bettheleim dans *Les Blessures symboliques* qui croyant faire œuvre d'ethnologue compare les scarifications des membres des tribus « primitives » aux mutilations des enfants schizophrènes. C'est parce que les uns comme les autres se sentiraient impuissant à agir sur le monde qu'ils se seraient repliés sur leur propre corps pour exercer leur pouvoir. Or, cette hypothèse ne peut tenir dans les sociétés ou la scission entre le corps et le monde n'existe pas et où toucher à son corps revient à toucher au monde.

Toutes les régions corporelles ne se prêtent pas également à ces artifices. Les parties anatomiques privilégiées sont souvent proches des orifices, à la charnière du dedans et du dehors. Par ces ouvertures s'accomplissent les fonctions vitale, alimentaire, excrémentielle, sexuelle. Le monde nous pénètre et nous nous déversons dans le monde. Ces frontières primordiales entre

1. Ainsi, chez les Yanomami du Brésil, tout individu a deux corps, son corps humain et son double animal dans la forêt. Mais c'est surtout parce qu'elle peut avoir plusieurs âmes que la personne ne s'arrête pas à la frontière de son corps. Chez les Dogons, les Keis, les Ashuars chacun a plusieurs âmes pour certaines extérieures au corps. On ne peut donc généraliser la vision chrétienne où le corps apparaît comme la prison de l'âme.

le dedans et le dehors ont fait l'objet d'un processus de civilisation[1], le tatouage y joue un rôle de domestication de la zone d'échange entre l'intérieur et l'extérieur. Mais il a aussi une fonction érotique entre pudeur et érotisme qui cache et souligne tout à la fois.

2.2 Les marques dans notre société

Dans les sociétés communautaires traditionnelles, le corps n'individualisait pas puisque le projet de l'individu lui-même ne se singularisait guère de celui du groupe. Au contraire, le corps comme facteur d'individuation et comme instrument de séparation entre soi et le monde, entre soi et les autres, propre aux sociétés modernes, clôture le sujet sur lui-même. Il fournit les contours de l'identité et donne le sentiment d'être soi (Le Breton, 2002). Pourtant, nous avons conservé des quasi « rites » repérés par V. Moulinié (1998) dans une série d'opérations de chirurgie venant apposer des cicatrices sur le corps et scander la césure des âges. S'appuyant, par exemple, sur des principes de santé peu vérifiés, les ablations des amygdales, des végétations ou de l'appendice se justifient plus profondément par leur rôle symbolique de préparation à la vie adulte future. Il paraît difficile *a priori* d'établir un lien entre des opérations se situant dans le nez et la gorge et au bas-ventre. Or l'auteur montre que toutes ont en commun le devenir de la sexualité future. Les représentations du corps enfantin sont organisées par une scission, par une séparation progressive entre les organes du haut et du bas. Une illusion communément partagée revient à penser que si les glandes rhino-pharyngées (en rapport de concurrence avec les testicules[2]) ne sont pas enlevées avant la puberté, elles peuvent devenir de véritables freins pour la sexualité. Les ôter revient à se prémunir pour plus tard, en somme un peu comme pour les oreillons « qu'il vaut bien mieux avoir, tout le monde sait bien, quand on est petit » (Moulinié, 1998 : 62). Alors que l'ablation des amygdales est une opération de l'enfance destinée symboliquement à mettre un terme à la liaison forte entre le haut et le bas du corps, la pré-adolescence

1. Tant du point de vue de l'ontogenèse (apprentissage de la propreté) que de la phylogenèse (dissimulation des moments d'intimité corporelle progressivement soustrait au regard)
2. Rapport d'analogie directement repérable dans les métaphores comme « avoir les boules », « avoir les glandes jusque-là ».

serait pour l'auteur le moment privilégié des crises d'appendicite, en particulier chez les filles. En effet, les représentations profanes de la maladie voudraient qu'en grossissant l'ovaire vienne compresser l'appendice entraînant son inflammation. Véritable rite de préparation (plus que de passage) à l'âge adulte, il n'est pas rare que l'ablation de l'appendicite déclenche dans les classes comme une épidémie, alors que la maladie n'a évidemment rien de contagieux si ce n'est la nécessité « d'y passer ». L'auteur fait part de plusieurs histoires de vie où les sujets se vantent « d'avoir lancé la mode dans leur école ». Ceux-ci expliquent comment montrer leur cicatrice les valorisaient auprès de ceux qui n'avaient pas encore fait l'expérience. Ils relatent la curiosité des autres enfants faisant le cercle autour d'eux, prêts à écouter et à ré-écouter le récit de leur séjour à l'hôpital. Comme pour la perte du pucelage ou l'arrivée des premières règles, l'avance temporelle prise sur les autres permet de tirer des bénéfices en terme de statut et de reconnaissance de sa précocité.

Jusque dans les années soixante-dix, les tatouages fonctionnaient souvent comme un signe de marginalité et d'appartenance à une bande juvénile. Il n'était parfois acquis qu'après un ensemble de sévères mises à l'épreuve (Monod, 1968), il disait encore le statut. De même, le tatouage en prison correspondait à une sorte de certificat de passage dans le monde des « durs ». Cependant, nos sociétés à partir des années quatre-vingt voient se multiplier de nouvelles modalités de marquages (piercing, branding) qui donnent même lieu dans la littérature nord-américaine, l'apparition d'un concept sociologique — « modern primitive » (primitif moderne) — suggèrant qu'il s'agit là de résurgences d'anciennes pratiques. Or ces nouvelles modalités se révèlent en fait aux antipodes des anciens rites d'appartenance ; elles ne sont plus destinées à assurer la conformité au groupe mais à faire vivre un « je » autonome. La marque n'agrège plus aux structures sociales mais individualise. Le piercing par exemple est un choix délibéré qui ne confirme aucun statut. Il est une construction de soi qui ne dépend pas de la position au sein d'un groupe. Il symbolise la liberté que l'individu prend sur sa propre existence (Le Breton, 2002). La marque comme initiative personnelle est un moyen de rentrer en connivence d'abord avec soi. Du coup, le piercing renforce le sentiment d'exister en échappant à l'indistinction[1].

1. Mais on peut sans doute dépasser l'opposition irréductible entre fonction de séparation et fonction d'agrégation assignées aux marques corporelles. En effet, rien n'empêche de vouloir affirmer une identité singulière tout en cherchant à se lier.

On repère une sorte de gradation dans les marques contemporaines qui irait du « Sticker » (tatouage délébile) au piercing (réversible) puis au tatouage définitif pour s'achever dans les conduites des « performeurs corporels ». Chez ces derniers, qui se réclament peu ou prou du « body-art », il ne suffit pas de percer ou de mutiler le corps, encore faut-il utiliser sa propre douleur pour signifier celle du monde. La douleur signale la gravité du moment, et se prouver à soi même que l'on peut la supporter agit comme un renforcement identitaire. Mais le jeune piercé utilisera le plus souvent au contraire l'argument de l'innocuité pour inciter d'autres jeunes hésitants à franchir le pas ; « le performeur » en revanche ne masque pas que la douleur participe de la transformation. Elle participe de l'expérience de la modification (Le Breton, 2001, 2002).

Enfin, en contre point de ce processus d'individuation, les logos publicitaires signent l'appartenance à la « communauté des consommateurs adorateurs de la marque » (Hellbrun, 2001). Aujourd'hui, les campagnes publicitaires recourent fréquemment au tatouage du logo d'une marque à même le corps d'une personnalité. Certains publicitaires sont allés jusqu'à utiliser les yeux, comme dans le cas des lentilles « *Puma* » adoptées par l'athlète Lindford Christie. Ce phénomène a, dans un processus mimétique d'imitation, l'effet d'entraîner le tatouage volontaire du logo en question sur le corps de certains consommateurs conquis par la démarche. La signification du marquage est inversée, ce n'est plus le vêtement qui appartient à l'individu (quitte à lui servir de carte de visite), c'est bien l'individu qui appartient à la marque. Pour Hellbrun, se tatouer un logo *Nike*, comme les motards peuvent se tatouer le logo *Harley-Davidson*, signifie adhérer à une communauté sans frontières et sans autre loi que de partager la vision du monde proposée par la marque : « *Just do it* ». Ainsi, pour l'auteur « dans une société largement sécularisée, la marque corporelle à même le corps s'inscrit comme une figure religieuse en ce qu'elle permet de relier les hommes à travers le partage des valeurs qu'elle défend » (Hellbrun, 2001 : 46). Si on peut être tenté de rapprocher l'imposition d'un logo d'une sorte de rituel religieux de communion, il faut cependant insister sur les limites de l'analogie. En effet, la marque ne propose aucun au-delà ni aucune transcendance ; de même, même la célébration des idoles qui la portent ne peut être confondue avec un quelconque culte des saints, tant ses vedettes connaissent un renouvellement accéléré au rythme des saisons sportives ou de celles du show-business. Le simple jeu métaphorique gêne plutôt qu'il n'éclaire l'analyse du phénomène.

2.3 Le corps caché de l'Islam

Chaque culture ne produit pas les mêmes normes et n'édicte pas les mêmes règles corporelles. En matière de pudeur par exemple, les interdits varient grandement d'une société à une autre. Le poids des appartenances religieuses accroît ces différences comme le montre le travail de M. Chebel sur *Le Corps et l'Islam* (1984). La présence du corps dans l'espace social en pays du Maghreb est régie par des codes qui contrastent souvent avec ceux des pays occidentaux. Le tchador (le voile) et le hijab (le foulard) n'en sont que les aspects les plus médiatisés. Mais le corps, même caché, même tenu à distance est un élément majeur de la sociabilité et de la séduction. D'où l'importance de deux sens spécifiques : l'ouïe et le regard. L'auteur souligne en particulier l'importance des regards comme mode de séduction ; comme instrument du *premium mouvens*, le regard cumule l'avantage de la discrétion et du possible désengagement puisque faire chemin arrière coûte peu. À l'œillade masculine, « fer de lance de la séduction au Maghreb » (1984, p. 160) qui dit clairement son intention, répond le regard en coin de la femme qui marque l'intérêt sans pour autant signifier ouvertement l'invite. Vient ensuite le moment de la décision et du choix de l'acceptation ou du refus. Le refus est marqué par le détournement du regard ou même de la tête ; l'acceptation passe le plus souvent par un rire étouffé. Pour l'auteur, il faut éviter l'erreur d'interprétation faisant de l'islam une religion austère et ascétique. M. Chebel repère trois fonctions majeures du corps en islam. D'abord, certes, le corps est un instrument religieux, voué à la prière et à la vénération d'Allah. Le mouvement fondamental de ce corps est la prosternation au point que les corps musulmans sont définis à plusieurs reprises dans le Coran[1] comme « ceux qui s'inclinent ». Ensuite, le corps musulman est aussi celui du guerrier qui doit s'endurcir pour le djihad. Enfin, le musulman est aussi un théoricien du corps érotique et là encore est soumis à une série de prescriptions précises (par exemple, celles

1. En particulier Sourate IX, verset 112.

liées à la purification du corps féminin au hammam). Il ne faut pas confondre pureté et propreté du corps. On peut être propre sans respecter la succession des actes rituels de la tradition. Pour permettre un changement de statut du corps et le purifier quand il est contaminé par l'acte sexuel (Janaba) ou le sang menstruel, les grandes ablutions (Al-ghusl) renvoient plus à une pratique religieuse qu'hygiénique.

Plusieurs auteurs ont développé des analyses comparatives (Zeghidour, 1990 ; Michéri, 1994 ; Duret, 1996) pour montrer comment les jeunes immigrés maghrébins de la deuxième génération s'appropriaient ces prescriptions en avançant un pas dans la tradition et un dans la modernité. Ces auteurs ont particulièrement mis en évidence le *double-bind* dans lequel sont mises les filles d'origine maghrébine que l'assimilation au milieu d'accueil condamne à passer pour des « traîtres » dans leur famille et que le respect de la tradition voue à passer pour des « arriérées » ou des « esclaves » au regard de leurs copines. Pour échapper à cette injonction contradictoire qui est au principe d'une forme de « schizophrénie sociale », elles s'aménagent une double vie en famille et au-dehors. Elles partent avec le foulard, mais se changent en arrivant au lycée. La principale stratégie d'adaptation par rapport à la surveillance des pères et surtout des grands frères[1] consiste à feindre l'approbation profonde des contraintes religieuses (« je mets le foulard rien que pour mon frère me lâche ») pour mieux les contourner. Pour pouvoir sortir, elles « juvénilisent » leur activité pour rester le plus longtemps possible dans des loisirs accordés aux enfants indépendamment de leur sexe. Il faut cependant relativiser cette situation de martyre en quasi-détention des filles des cités. En rupture avec ces images de réclusion, ces études montrent d'abord que la Tradition n'est pas qu'imposée mais qu'elle est souvent recherchée. Ensuite, elles montrent que derrière les portes closes des appartements, les corps se mettent en scène sans retenu, les filles peuvent tour à tour emprunter les habits traditionnels de leur mère pour danser le « raï », puis jouer au défilé de mode de top modèle sur une musique « disco ».

1. Dans les cités les garçons ont loisir de terroriser les filles au nom de la tradition avec l'assentiment des parents.

En définitive, l'engagement du corps est guidé par un certain nombre de règles fluctuantes selon les milieux sociaux et les cultures, mais tout en y étant soumis le corps est un outil pour les remettre en cause.

2

LE CORPS DANS L'INTERACTION

Les sociologues, en se centrant sur la gestualité, se sont intéressés à l'interaction. Inaugurés par des recherches aux États-Unis sur les communications non verbales, ces travaux fortement influencés par l'éthologie soulèvent une difficulté, source d'intérêt comme de limite, celle de l'accumulation des données découpant le moindre geste en une multitude de « micro-patterns ». Elles posent la question des modalités du changement d'échelle nécessaire pour reconstituer d'abord le mouvement corporel puis la globalité de la scène d'interaction.

1. La distance entre les corps : « La dimension cachée » de l'interaction

Aux États-Unis, un champs d'investigation important des recherches corporelles concerne les communications non-verbales[1]. Les travaux précurseurs de E.T. Hall (1970) portaient sur les distances aux autres corps pour préserver le territoire du moi. Celles-ci varient selon les situations, et pour une même situation, selon les cultures. L'auteur prend pour objet ces constructions culturelles sous le nom de « proxémies ». Ce dernier en appui sur les travaux de G. Bateson définit trois « cadres » organisant les interactions :

– le premier est celui de « l'organisation fixe » où les conduites corporelles sont directement pré-inscrites dans la fonctionnalité particulière du lieu. Dans une maison occidentale, par exemple, chaque pièce ayant une fonction, personne ne rentre dans la salle de bain pour s'allonger et dormir ou s'asseoir et manger ;

– le second correspond aux « organisations semi-fixes » qui sont des lieux à forte variabilité de présences, comme par exemple, un compartiment de chemin de fer, un ascenseur, ou encore une salle d'attente d'hôpital.

1. Pour une revue détaillée des travaux des années quatre-vingts, voir Scherer et Ekman (1982).

L'augmentation progressive de la population dans ces lieux va entraîner ce que l'auteur appelle des conduites « socio-fuges » visant l'écartement maximal des corps. Dans l'ascenseur, deux personnes pourront accepter l'orientation corporelle face à face, mais à quatre, elles la refuseront et préféreront se coller contre les parois. Dans les situations de compacité extrême, comme par exemple, dans une rame de métro aux heures de pointes, chacun feint l'indifférence au corps de l'autre[1]. Un sur moyen d'y parvenir est l'absence du regard pour ne pas gêner ni attirer l'attention ;

– le troisième cadre est celui des « espaces informels », où comme dans la rue le pré-agencement est minimal au point que ce sont l'intensité des voix, et les dimensions des gestes qui créent le cadre de l'interaction.

Les distances d'interactions varient au sein de ses situations en fonction des thèmes abordés et de la nature socialement et culturellement construite de l'échange.

Les voix et les gestuelles se transforment sous l'effet de l'augmentation de la distance quand on passe de la confidence et de la déclaration amoureuse à la discussion publique et à l'au revoir collectif. E.T. Hall dans *Le Langage silencieux* (1984), repère ainsi une stricte gradation des distances :

– la « distance intime » (moins de trente centimètres) est d'une part celle de l'affection entre les corps et de la confidence (on peut y chuchoter des mots d'amour dans un murmure) et d'autre part celle de l'hostilité (on peut prendre un coup de tête) ;

– la « distance personnelle » s'étend jusqu'à environ 1 mètre 30, distance qui marque les limites de l'emprise corporelle directe. On peut encore mettre la main sur quelqu'un mais bras tendu. Elle est la distance du tête-à-tête qui permet de percevoir au mieux les mimiques de l'autre ;

– la « distance sociale » (d'environ 1 mètre 40 à 2 mètres 40) est celle des groupes d'individu parlant autour d'une table. Debout, ils se voient en pied (avec leurs marqueurs statutaires) alors que s'évanouissent les marqueurs d'intimité corporelle comme les odeurs ;

– la « distance publique » correspond à l'espace pris par un groupe d'auditeurs et un orateur dans une grande salle ;

1. Les contacts s'accompagnent alors d'une excuse qui rappelle l'interdit et signifie leur caractère involontaire.

– la « distance d'échange extrême » enfin dont les limites sont celles de la portée de la voix et des grands gestes (par exemple pour les adieux).

Les variations des distances admises entre les corps d'une société à l'autre entraînent de fréquents malentendus. La comparaison des différentes « proxémies » montre des similitudes entre gestions interactionnelles des Méditerranéens et des Sud-Américains qui contrastent avec celles des germains et des Nord-Américains. Les Nord-Américains et les Germains habitués à conserver une distance importante entre interlocuteurs éprouvent de la gêne face au Latin, beaucoup plus proches dans l'interaction. La distance de l'échange entre inconnus chez les premiers correspond à la distance de l'échange intime pour les seconds. D'où des accusations croisées d'un côté de froideur et de l'autre de manque de retenue. Lors de l'échange, indépendamment de leurs bonnes intentions, les uns avancent pour témoigner de leur intérêt, les autres reculent pour se dégager d'un corps à corps trop pressant. Ces différences sont d'autant plus pénalisantes pour l'échange que chacun applique ses propres catégories de jugement des distances interactionnelles dans les rapports interpersonnels qu'il noue avec des étrangers.

Les parties du corps susceptibles d'être touchées sans enfreindre les frontières de la bienséance, varient aussi selon les pays. Dans certains, interdits religieux ou coutûmes font que les membres d'un couple n'ont pas droit au moindre contact dans la rue (marcher la main dans la main alors qu'on est de sexe opposé est fort improbable au Liban, en Somalie, en Afghanistan…). Si avec une constance interculturelle remarquable les sociétés prohibent le contact avec le visage et avec les zones sexuelles, d'autres interdits tombent dans les pays anglo-saxons quand l'un des deux interlocuteurs est en situations de faiblesse (abattement ou maladie) ; les gestes d'apaisement, de soins ou de compassion sont alors les bienvenus. Une des limites des travaux de E.T. Hall revient à procéder à des études comparatives en considérant chaque pays ou nation comme une unité culturelle homogène. Il est parfois d'autant plus délicat d'adhérer aux différences interculturelles avancées que le Français moyen, l'Allemand moyen ou l'Américain moyen auquel se réfère l'auteur n'existe pas et que les coupures entre les nations ne sont jamais franches. Les proxémies du Marseillais ne sont pas celles de l'Alsacien (la culture régionale du premier baigne dans le creuset méditerranéen, celle du second est imprégnée de germanité).

Les gestualités engagées durant l'interaction dépendent donc aussi de spécificités régionales mais tout autant des différences statutaires entre les participants à l'échange.

2. Les gestes : régulateurs sociaux et culturels des échanges

Certains gestes peuvent se substituer par leur précision à un message oral (par exemple, tourner la tête de gauche à droite pour dire « non ») d'autres redoublent le sens de la parole (par exemple, placer l'index sur le front avec un mouvement de rotation quand on parle de la folie), d'autres enfin ont des charges symboliques diverses (de l'insulte aux congratulations)… Les changements de positions de la tête[1] et des mains[2] sont en particulier incessant durant les interactions. L'échange s'organise comme une « danse » (Birdwhistell, 1970) où les micro-gestualités s'enchevêtrent. Au regard de l'un (l'émetteur) comme forme d'insistance du propos et demande d'approbation répond le hochement de tête de l'autre (le récepteur). La prise du tour de parole (*speaking order*) est annoncée par une gestuelle subtile d'invite chez celui qui la cède et un discret remerciement de celui qui la prend comme le suggère par exemple le fameux échange de « la scène de la cigarette »[3].

2. Des tentatives de classification

Des auteurs comme D. Efron (1941), et R. L. Birdwistell (1970) ont proposé des classifications de la gestualité. Ainsi Efron distingue les gestes emblématiques, descriptifs, déïctiques, symboliques et les gestes de régulation. Les gestes emblématiques s'apparentent par leur clarté à un message oral : l'index sur la bouche est un appel au silence. Ce qui ne veut pas dire que l'injonction à se

1. Dans ses travaux sur la mobilité du visage P. Eckman (1974) repère près de 2000 mimiques et mouvements différents.
2. R. L. Birdwhistell insiste sur l'importance des petits gestes des mains comme « joncteurs kinésiques » et sur leurs fonctions : accentuer ou nuancer les mots.
3. Filmé en 1956 la scène de neuf secondes où Gégory (Bateson) offre du feu à Doris va être analysée durant des années décomposée geste par geste seconde par seconde et fixée sur le papier sous de multiples formes jusque dans les années quatre-vingt.

taire renvoie toujours au même geste selon les cultures. Les gestes descriptifs accompagnent le discours en le redoublant. Je peux dire que je n'étais pas convaincu et ajouter à ces mots une oscillation des mains ; les gestes déïctiques sont utilisés pour signifier les directions : « en bas » (index pointé vers le bas), « vous prenez la première à gauche » (la main fait le mouvement de tourner sur la gauche), etc... les gestes symboliques renvoient soit aux superstitions (croiser les doigts) soit aux religions (se signer). Enfin, les gestes de régulation sont destinés à maintenir le contact entre partenaires.

D. Efron (1972) pour répondre aux thèses nazies prônant la supériorité « naturelle » de la gestualité aryenne tant du point de vue de sa concision, de sa précision que de son efficacité sur la gestualité inférieure des juifs caractérisée par une incessante gesticulation, a mené en 1941 aux États-Unis une étude d'envergure. Comparant les gestuelles en vigueur chez des immigrants juifs originaires d'Europe de l'Est (850 sujets) et des immigrants juifs originaires d'Italie du Sud (700 sujets), il montre que les juifs de l'Est produisent en moyenne des gestes d'une amplitude inférieure à celle des juifs italiens. Mais Efron observe également deux populations (toujours d'Italiens et des pays de l'Est) de juifs américanisés de la deuxième génération. Ses résultats révèlent des différences sensibles avec les nouveaux arrivants qu'ils soient italiens ou des pays de l'Est. Par contre, les deux populations ne se distinguent plus guère entre elles et leurs gestualités ressemblent fortement à celle des Américains. Démenti aux thèses innéistes, l'auteur montre qu'il n'aura fallu pas plus d'une génération pour que les gestualités s'acculturent et réussissent à se fondre dans celle du pays d'accueil.

Birdwistell pour sa part ambitionnait de fonder la « kinésique » comme science de la gestualité de l'homme engagé dans la communication. Son intérêt portait moins sur tel ou tel geste que sur leur séquence d'apparition. Le plissement des lèvres par exemple, n'est qu'un élément insérable dans plusieurs séquences différentes (sourire, sourire forcé, grimace...). L'analyse « kinésique » souhaitait transcender la phénoménalité du geste, l'abstraire de ses contextes pour aboutir à des universaux. En appui sur la linguistique structurale et par analogie à ses principes, l'auteur stipule l'existence de « kinèmes[1] » (plus petites unités de mouvement semblables

1. Ces « kinèmes » peuvent varier pour l'auteur selon trois dimensions : l'intensité, l'amplitude et la rapidité.

aux phonèmes et non porteurs à eux seuls de significations). Dénués de sens isolément, les « kinèmes » par leur association donnent lieu à des « kinémorphèmes » (par référence aux morphènes) qui s'associent et s'entremêlent pour former le « langage » du corps. L'analogie entre langue et gestuelle stimulante comme métaphore peut paraître, prise à la lettre, abusive sur plusieurs points : les signes corporels sont plus ambigus et ne peuvent guère s'appréhender hors des conditions concrètes de l'échange (alors qu'il est en grande partie inutile de savoir où et dans quelle condition un auteur a écrit un texte pour le comprendre). Le « langage » du corps fonctionne sans « grammaire » à proprement parlé. La langue parlée suppose une combinaison parfaite des monèmes croisant son et sens (po-pa-bo-cha peuvent faire « pas beau chapeau » ou « débeaucha » ou « beau pacha », etc...), les mimiques et les gestes ne permettant pas une telle facilité d'association. Birdwhistell a cherché avec une constance méritoire pendant plusieurs années à faire tenir coûte que coûte la comparaison entre geste et langue mais le corps, certes système de communication, fonctionne *comme* un langage sans pourtant en être un. Ainsi, plutôt que de considérer la gestuelle comme un autre langage ou comme un parent pauvre de la langue, sans doute vaudrait-il mieux l'envisager comme partenaire du langage.

L'activité corporelle n'est pas un système dissecable à volonté dont le chercheur tirerait tout des codes sociaux et culturels qui la sous-tendent. Chaque langue fonctionne accompagnée d'une gestuelle qui lui appartient en propre et n'est en rien universalisable sans risque de contresens. La signification des gestes et des postures dépend de leur cadre d'expression (tourner la tête de gauche à droite signifie selon les pays parfois « oui » parfois « non »). Joindre son index et son pouce en formant un cercle signifie « tout va bien » pour les Américains et les plongeurs sous-marins (à condition que leurs autres doigts soient tendus), mais veut dire zéro pour les Français et désigne l'argent au Japon (l'équivalent du sens obtenu en France en frottant l'index et le majeur contre le pouce). Ce même geste signale péjorativement les homosexuels à Malte et sert d'injure en Sardaigne (dont l'équivalent en France est le majeur tendu les autres doigts repliés). Il faut donc admettre la relativité des signifiants pour un même geste (Morris, 1978). Les risques de malentendus culminent quand un geste d'offense voire d'injure dans une société est dans une autre un geste d'approbation voire d'admiration[1]. Les Indiens du Sud-ouest du Canada, ont dans ce cadre du mal à modifier leur gestuelle quand ils ne s'expriment plus dans leur dialecte mais en anglais (Le Breton, 1998).

3. Les gestes marqueurs sociaux

Les gestes marquent aussi une étiquette sociale ; les formes d'engagement corporel dépendent de la position sociale de chaque membre de l'échange. Tous les codes et en particulier ceux de politesse et de savoir-vivre (Picard, 1983) inscrivent comme priorité le repérage des rangs sociaux et détaillent les marques corporelles de déférence ou de préséance à fournir dans les échanges. Ces marqueurs sont surtout perceptibles en début (prendre contact), et en fin d'interaction (prendre congé).

Ainsi, les gestes d'entrée dans l'interaction sont strictement codifiés selon des critères d'âge (c'est au plus jeune de saluer le plus ancien), de sexe (c'est à l'homme de saluer la femme) et de rang (un individu de rang inférieur se lève s'il est assis, s'incline s'il est debout, et laisse au supérieur l'initiative du rapprochement). De grands écarts statutaires entraînent la disparition des marques d'affection (bises, tape dans le dos) au profit des marques de respect (salut, révérence). Si entre égaux les comportements en miroir prévalent, la non-réciprocité des gestes signale l'inégalité des statuts : les supérieurs contrôlent le déroulement temporel de la séquence d'interaction en pouvant manifester contrairement aux inférieurs des signes d'impatience. Ne maîtrisant pas le rythme de l'interaction, les inférieurs ne peuvent que la ponctuer de leur approbation.

3. L'ANALYSE DES SCÈNES D'INTERACTIONS POUR GOFFMAN

Erwin Goffman ne s'intéresse pas seulement à l'expression de l'individu (la plus objectivée soit-elle comme nous venons de le voir avec la kinésique) mais à la relation à autrui (c'est-à-dire au lien entre l'expression d'un inte-

1. A. Carénini (1990) donne un inventaire détaillé de ces malentendus.

ractant et l'impression produite chez l'autre). Il vise l'étude rigoureuse des interactions et montre comment le corps est toujours engagé dans la communication quand les interlocuteurs sont en présence. La gestuelle sans se substituer le plus souvent à la parole, la prolonge en mettant le corps en jeu comme une garantie supplémentaire d'authenticité[1]. Inspiré lui aussi par l'éthologie[2], l'auteur repère dans les interactions d'abord des attitudes, des postures, les mouvements corporels de l'engagement et du dégagement. Il s'agit pour lui d'identifier les classes de mouvements et d'événements identifiables dans les « chorégraphies » du quotidien « lors des mises en présence et en vertu de ces mises en présence » (1974 : 7). Les acteurs goffmaniens se distinguent d'autant plus des « agents » qu'ils sont les auteurs des rôles qu'ils tiennent. La lecture de l'attitude va servir d'outil permettant d'anticiper la teneur de l'interaction en dévoilant des émotions que souvent le langage masque. Dans *La Mise en scène de la vie quotidienne* (1973) et dans *Les Rites d'interactions* (1974) Goffman adopte la perspective de la représentation théâtrale avec ses principes dramaturgiques. Dans cette première partie de son œuvre (1973, 1974), il s'intéresse aux formes de présentations de soi, aux manières de sauver la « face », aux civilités, aux échanges agressifs et réparateurs.

Les rites d'interactions ont plusieurs fonctions dans lesquelles le corps est directement engagé :

– assurer et préserver la face (définie comme l'image valorisée de soi). En fonction de l'identité qu'il souhaite se donner et voir validée, l'individu doit fournir une image constante et consistante de lui-même. Celle-ci comporte un certain nombre d'exigences corporelles. Hormis celles qui heurtent ouvertement les convenances, il n'y a guère pour Goffman, de bonnes ou de mauvaises attitudes corporelles *a priori*. Loin d'une standardisation des réponses corporelles, faire bonne ou piètre figure, perdre ou conserver la face provient surtout de l'écart entre l'image que l'on espère donner et celle

1. Une communication paradoxale peut naître quand la gestuelle n'accrédite pas le sens des mots mais entre en contradiction avec.

2. Il en fait l'éloge dans l'introduction de *La Mise en scène de la vie quotidienne*, tome 2 les relations en public. Il prolonge en particulier les travaux éthologiques sur les salutations de I. Eibl-Eibesfeldt. Quand deux personnes approchent l'une de l'autre en orientation frontale, elles accomplissent des « gestes d'appaisement » sourire, signe de main ouverte, inclinaison de la tête.

que l'on offre dans l'interaction. Une personne, par exemple, se présentant comme calme et posée, perdra la face si elle sort de ses gonds à la première plaisanterie faite à son sujet. Inversement, une personne se définissant avec un sens de l'honneur pointilleux perdra pour sa part la face si elle ne réagit pas à des provocations. Montrer de l'assurance revient à supprimer, à dissimuler ou au moins à réduire, les symptômes de désajustement pour sauver la face, c'est-à-dire se rapprocher le plus possible de l'ordre expressif personnel attendu ;

– éviter de mettre l'autre en difficulté (par exemple, en se montrant trop détaché lors de l'interaction, soit au contraire en manifestant sans retenue ses émotions). Quand les corps sont amenés à se toucher, les interactions supposent des conduites ritualisant le contact. Les rencontres corporelles à caractère professionnel donnent lieu à un effacement des corps individuels au profit de séquences standards guidant la relation. Le respect des techniques de chaque métier est d'autant plus nécessaire que la relation suppose un corps à corps intime. L'individu se fait invisible derrière le professionnel et ses routines. Les interactions les plus délicates font l'objet d'une extrême banalisation. Les gynécologues, par exemple, banalisent les touchés, doigtés, visions au spéculum en réduisant ces gestes à des « procédures » techniques. Ils se soumettent et soumettent à un rituel visant successivement à considérer leur patiente comme une personne en début de consultation, puis comme un simple pubis c'est-à-dire en objet durant l'examen vaginal, enfin à nouveau en personne (Henslin et Biggs, 1993) ;

– restaurer les liens par des « échanges réparateurs ». Des fautes interactionnelles peuvent être commises à plusieurs niveaux. Tout d'abord des discordances peuvent apparaître dans le *tempo* de l'échange (par exemple, l'un tend la main quand l'autre la retire). Cette rupture interrompt le flux laminaire de l'interaction et la met en péril. Ensuite, des individus en présence peuvent empiéter de manière imprévue sur le territoire de leur moi respectif. Une activité réparatrice est donc nécessaire pour éviter la gêne de celui qui a subi cette intrusion comme celle de celui qui l'a provoqué. L'expression corporelle « de circonspection » (Goffman, 1973 : 133) est alors de mise pour se défaire ou corriger l'impression défavorable produite. Il s'agit de démontrer l'honorabilité de sa conduite quand par exemple dans le métro aux heures de pointe des secousses entraînent des contacts corporels, il convient de tenir ostensiblement la barre le plus haut possible pour bien signifier qu'on y est pour rien et qu'on n'a pas les mains « baladeuses ». Mais l'échange réparateur n'a pas pour unique fonction la reprise de la communication, il peut également servir d'excuse à un refus de communiquer. Toujours dans le métro, autre exemple, prendre l'air affairé et regarder sa montre en quittant la rame juste quand un mendiant vient vers vous revient à lui signifier que ce n'est pas sa présence qui provoque votre départ mais que vous êtes arrivé à destination. Si l'échange réparateur est réussi l'offensé fera des « gestes confirmatifs » de réconciliation à l'offenseur, par exemple, lever les sourcils et tendre la main pour montrer sa curiosité et sa bienveillance et l'inciter à continuer. Dans le cas contraire, se met en place l'escalade de l'indignation dont le *crescendo* peut culminer dans un affrontement physique. La boîte de nuit (Duret, 1999) fournit un terrain privilégié d'application du cadre conceptuel développé par E. Goffman dans *La Présentation de soi* et dans *Les Relations en public*. En effet, aller en boîte suppose comme premier enjeu de ne pas être éconduit à la porte et de réussir à paraître l'âge minimal pour déjouer le filtrage opéré par les videurs. Pour passer avec succès cette première épreuve, il est nécessaire pour certains de se doter d'attributs vieillissants (comme un blouson de cuir rembourré, mais le plus efficace reste d'arriver avec une amie complaisante et plus âgée avec qui l'on feint de parler de sujet pour adulte). Il s'agit de bluffer en étalant des « marqueurs » d'un âge plus élevé sans trop en faire toutefois pour ne pas laisser supposer qu'ils ne sont pas acquis et ne sont que des signes. La seconde épreuve concerne la virilité : une fois franchies, les portes, la musique assourdissante prive de l'usage de la parole dans la communication (et réduit du coup sensiblement les possibilités d'échanges réparateurs). La promiscuité des corps et les contacts inévitables peuvent alors aisément, pour qui « cherche la bagarre », être interprétés comme une manifestation d'hostilité. Le désamorçage de ces situations tendues repose sur une gestuelle emphatique nécessaire à transformer la dispute d'honneur en parodie complice (Duret, 1999 : 68). Ainsi, l'ambiance de ces échauffourées oscille entre rituel d'intimidation et simulacre burlesque comme porte de sortie évitant l'affrontement.

Toutes les modalités d'interaction corporelle, même les plus dissymétriques, reposent sur une distribution des rôles mutuellement partagée. Les échanges confirmatifs sont là pour vérifier et entériner cet accord. La gestuelle sert alors à évacuer toute possibilité de quiproquo. Par exemple, un étudiant qui trouve un classeur et connaît son propriétaire le lui ramènera en le tenant du bout des doigts et le posera avec précaution sur son bureau pour bien signifier qu'il n'avait aucune visée sur le bien d'autrui, et qu'il en a pris bien soin avant de le restituer. Les échanges confirmatifs entre proches ou voisins sont souvent centrés sur les obligations de donner, recevoir, rendre[1]. L'offrande quotidienne entre voisin du « bonjour-bonsoir » entre dans ce cadre. La fin des échanges fait particulièrement l'objet de rituels confirmatifs. L'aurevoir clôt la rencontre et renforce la relation en prévision de la séparation et de l'absence qui vont suivre. Ces gestes sont strictement gradués ; si on comprendrait mal qu'une personne étreigne longuement son voisin qui part au travail alors qu'il va le revoir le soir même (ce qui interrogerait aussitôt sur la nature même de leur relation) ces étreintes seront de circonstance quand l'un des deux déménagera dans une autre ville.

Dans *Stigmates* (1975), Goffman montre comment l'ordre de l'interaction est troublé par des différences corporelles visibles au premier regard. Ainsi, le corps du nain ou du difforme est immédiatement stigmatisé et considéré « comme n'étant pas tout à fait humains » (1975 :15). Les rencontres mettant en présence des personnes avec d'importantes différences corporelles, les « interactions mixtes » (« stigmatisés »/« normaux ») produisent généralement un échange « angoissé, branlant qui débouche sur le malaise » (Goffman, 1975 : 30). La distance affective entre interlocuteurs est perturbée : soit la personne normale fait preuve d'une bienveillance et d'une sollicitude exagérément affirmée, soit elle est prise d'embarras, ce qui suscite le plus souvent chez la personne stigmatisée un repli dans l'agressivité. Pour l'auteur, les personnes stigmatisées deviennent par nécessité très habiles pour gérer ces interactions de face à face. Elles vont montrer un grand intérêt (un peu comme le sociologue lui-même) à l'ordre de l'interaction, en cherchant à analyser les causes du désordre provoqué par leur corps et à essayer des solutions pour y remédier. L'attention pour le corps est d'autant plus centrale qu'il soutient prioritairement « la face » (l'appareillage symbolique de soi). Il est difficile pour un nain de suggérer *a priori* qu'il a de la hauteur de vue. Seule la mythologie romantique est là pour contrebalancer l'emprise des corps dans notre société. En effet, si dans de nombreux contes

1. Entretenant conformément à la théorie du don de Marcel Mauss la dette comme processus majeur du lien social.

le beau prince épouse la belle princesse, les plus grandes histoires d'amour sont celles où la belle donne un baiser à la bête (qui se transforme aussitôt en jeune prince), ou encore celles où le prince embrasse la terrible sorcière ou la grenouille visqueuse qui l'une comme l'autre se métamorphosent d'un seul coup en superbes princesses. Tous ces contes ont structurellement deux points communs. D'une part, ils formulent un mythe fondateur de l'amour : on s'est connu par-delà les apparences. La révélation est une reconnaissance (Albéroni, 1981). D'autre part, ils disent la subjectivité de l'amour : c'est notre regard et lui seul, qui crée la belle princesse.

Enfin, dans *Les Cadres de l'expérience* (1991) l'auteur synthétise l'ensemble des observations ethnographiques réalisées au fil de ses précédentes recherches. Il fonde alors sa théorie de l'expérience sociale sur différents cadres qui structurent les événements. Pour analyser l'organisation des échanges corporels dans un « cadre primaire », Goffman repère :

– les « keys » (clés de modélisations) qui correspondent aux formes minimales à suivre « pour faire semblant ». D'où l'importance, déjà présente dans *Encounters* (1961) du concept de « rôle distance » (distance au rôle). La façade présentée permet de ménager les apparences et autorise, au prix d'une dissimulation, une distanciation tout intérieure : « On peut donner l'impression d'être tout à fait attentif à ce qui se passe alors qu'on pense tout à fait à autre chose » (Goffman, 1991 : 201). La distance au rôle perturbe l'interaction uniquement quand elle apparaît. Un éclat de rire lors d'un enterrement, un bâillement d'un militaire en train de défiler sont jugés au mieux comme des défaillances au pire comme des outrages. Les seuls écarts momentanés autorisés dans l'interaction sont « ceux qui ne menacent pas la continuité et la viabilité des cadres établis » (1991 : 374). C'est en particulier le visage qui devra faire preuve de sa capacité expressive à simuler et à dissimuler. Il convient pour l'acteur d'adopter un « pare-engagement » derrière lequel il pourra en toute quiétude s'adonner à une activité illicite (ainsi en réunion de travail, il pourra bailler s'il se cache derrière un journal, regarder par la fenêtre s'il porte des lunettes noires, etc...) ;

– les « fabrications » (tromperies, feintes) qui visent à induire chez l'interlocuteur une croyance erronée. On peut donner à dessein une trop grande solennité à un événement mineur ; si votre boulanger, par exemple, vous remet une baguette de pain comme s'il vous décorait de la légion d'honneur, un tiers sera peut-être amené à donner à l'événement plus d'importance qu'il n'en a ;

– les « *out of the frame activity* » (les activités hors cadre). Goffman suggère que traiter les parasitages (comme la toux, ou les tics nerveux…) avec une attention minimale est « un trait essentiel de la compétence interactionnelle » (1991 : 220). Mais il souligne aussi le caractère paranoïaque des interactants toujours prompts à donner du sens quitte à sur-interpréter des gestes qui n'en ont pas en voyant dans un anodin grattement de nez une connivence cabalistique avec un tiers ;

– Les « *breaking frame* » (ruptures de cadres) opérées sciemment ou non par des personnes qui ont intérêt à enfreindre ou qui méconnaissent le pré-agencement spatial, temporel et cognitif des situations. C'est, par exemple, le cas des militants d'Act-up qui renouvellent grâce à leur engagement corporel les modes d'expression de la colère politique. La marche collective est la forme traditionnelle de la protestation corporelle. La manifestation ne désorganise en rien les cadres de l'expérience quotidienne puisqu'elle en est elle-même un. Loin des démonstrations de force des grands défilés où les corps sont utilisés en fonction de leur capacité à faire nombre, les actions (les « zaps ») organisées par Act-up adoptent la logique des opérations éclairs, des coups ponctuels et spectaculaires, des raids de guérilla. Le corps est alors mobilisé en fonction de sa rapidité d'intervention (on ne marche pas on court) et de sa puissance d'intrusion dans des cadres établis (on ne déambule pas de la Bastille à République, on envahit sans prévenir une scène publique). Les corps des militants visent à opérer une rupture avec le cadre ordinaire, par exemple en s'allongeant immobiles pour symboliser l'hécatombe du SIDA dans un lieu de vie (Patouillard, 1998).

En conclusion, les facilités ou les troubles des individus dans les interactions passent par la plus ou moins grande maîtrise des codes corporels de l'interaction. Une fois acquis ceux-ci peuvent être scrupuleusement respectés ou faire l'objet d'un jeu. Pour saisir les compétences des acteurs, les interactionnistes, de Goffman à Becker, préfèrent en situation d'entretien, poser la question du « comment » à celle du « pourquoi ». En effet, poser la question du « comment » leur permet de recueillir des récits d'un grand nombre de pratiques corporelles, épurés de toute psychologisation contenue dans la question du « pourquoi ».

3

LE CORPS SENSIBLE ET EXPRESSIF

Le corps met en jeu au quotidien sa sensibilité à deux niveaux : celui de la perception sensorielle et celui de l'expressivité. La question du corps sensible a été largement abordée en philosophie mais lorsque la sociologie s'en empare c'est pour y voir les effets de la vie sociale.

1. LA PLACE DES SENS ET LEUR ÉDUCATION

Le travail de socialisation des sens a été mis en avant par H. Becker (1963, 1985) quand il analyse comment l'on devient fumeur de marijuana. Ainsi, l'auteur montre que l'individu tenté par la marijuana n'ignore pas qu'elle est utilisée pour « planer » (« *to get hight* »), seulement il ne sait pas concrètement à quoi renvoie cette expression. Ainsi pour le novice, il ne s'agit pas seulement d'avoir résolu la question de l'approvisionnement encore faut-il effectuer un double travail sensoriel : celui de l'apprentissage « technique » du comment fumer et celui du goût pour les effets.

En effet, le débutant ne « plane » pas dès la première fois qu'il fume de la marijuana, il doit s'initier à la technique. Il l'entreprend à l'intérieur d'un groupe soit par imitation, soit par un apprentissage explicite (« voilà, tu aspires une grande bouffée, tu vois, ça ne se fume pas comme une cigarette », il ajoute « tu aspires, tu l'avales et tu la gardes dans tes poumons », j'ai demandé « combien de temps ? », « tu n'as qu'à la garder jusqu'à ce que tu ai envie de la rejeter ».). L'apprentissage de la technique est nécessaire mais insuffisant pour convertir les effets en plaisir et permettre au néophyte de ressentir de l'euphorie.

Il faut donc pour planer non seulement avoir les symptômes provoqués par la prise de marijuana mais aussi être capable de les reconnaître et de les apprécier. Le débutant doit réussir à formuler, avant tout à lui-même, le caractère inédit et agréable[1] des sensations qu'il éprouve à cause de la drogue. Apprendre à planer revient à guetter les nouvelles sensations, à les identifier et à les définir comme agréables. Or, elles ne le sont pas toujours, il faut donc qu'il parvienne à les percevoir comme telles en se pliant peu à peu au modèle de perception offert par ses compagnons. C'est à la fois l'acquisition de nouvelles sensations et de nouveaux outils sensoriels pour les percevoir qui transforment l'utilisateur en connaisseur. L'effet ne se jauge que dans la différence entre deux états physiques. Ainsi les grands consommateurs de marijuana qui « planent » continuellement ont tendance à considérer que cette drogue ne fait plus d'effet sur eux. Ce type de fumeurs est amené à opérer une coupure passagère pour être à nouveau à même de sentir les différences d'états par lesquels il passe. De même, les consommateurs d'alcool cesse souvent de fumer de la marijuana parce qu'ils ne sont plus capables d'en distinguer les effets.

En bref, nul ne devient fumeur de marijuana s'il n'a appris tout d'abord une technique qui produit réellement des effets, ensuite à reconnaître ses effets, enfin à prendre plaisir à ces nouvelles sensations perçues.

Mais la socialisation touche avec des visées diverses, les différents sens. Dans son *Essai sur la sociologie des sens* (1981), Georges Simmel observe comment les perceptions sensorielles, chacune avec ses spécificités, forment la trame de la socialité. Il tente d'établir la part respective de chaque sens dans les interactions. La vision et l'ouïe permettent les échanges à distances, l'odorat est en position intermédiaire entre ces deux premiers sens et ceux du touché et du goût qui supposent un contact direct avec les choses ou intime avec les personnes. Mais, pour l'auteur le regard permet à lui seul un échange chargé d'affectivité. Poser les yeux sur quelqu'un c'est prendre prise sur lui. Le regard est le sens de la saisie à distance doté d'un pouvoir quasi-tactile sur l'autre qui peut presque se sentir touché. Le langage commun foisonne d'expressions qui en témoignent : un regard transperce, cloue, glace, ou inversement caresse, réchauffe. Dans la haine et la détestation comme dans l'amour et la tendresse, le regard est une manière de rentrer en contact avec l'autre. Le fait de baisser les yeux est alors une manière d'essayer d'échapper à l'autre, de se protéger et de rester inaccessible (Sim-

1. Ainsi un essai déplaisant (soit qu'il ait fumé une quantité excessive ou une herbe trop forte) peut amener le débutant à l'abandon s'il ne redéfinit pas l'expérience comme positive.

mel, 1981 : 228-229). Mais une telle attitude souligne aussitôt l'embarras et la gêne, elle affiche la timidité ou même la honte[1]. L'échange de regard constitue une rencontre. Sans le regard, dit Simmel, « tout le commerce des hommes de leur sympathie ou de leur antipathie, de leur intimité ou de leur froideur, serait réduit de façon inappréciable » (1981, 227).

Le regard donne vie à l'autre. Cette constatation atteint aujourd'hui son paroxysme dans les échanges entre les stars, qui ont la puissance symbolique de faire exister leur public, et les spectateurs. Les fans ou les supporters endureront patiemment de longues heures d'attente pour se savoir aperçus ne serait-ce qu'un instant ce qui leur est suffisant pour se sentir reconnus et confirmés dans leur identité par leur idole.

Inversement l'absence de regard, fait disparaître l'autre. P. Juhem (1995), à propos des relations amoureuses des lycéens relate l'angoisse puis le dépit des garçons qui ne réussissent pas à accrocher le regard des filles. Le regard porté sur l'autre dans la « drague » attend une réponse, il espère la réciprocité mais risque de se heurter à de l'indifférence. Réussir à « croiser le regard » est un premier indice pour permettre au jeune de savoir si la démarche menant au flirt a des chances d'aboutir ou si l'autre ne l'extrait pas de la masse ou pire ne veut pas de lui.

Le regard simultanément reçoit et donne de l'information ; cette dialectique en fait pour Simmel un sens premier. En comparaison, il fait tenir une place mineure à l'odorat, appréciation qui peut être contestée dès qu'on ne limite pas son usage au rôle bien pudique que l'auteur tend à lui faire jouer. Pour réévaluer ce sens on peut souligner que si l'odorat tient une sorte d'emploi discret dans la vie publique, il joue par contre un rôle considérable dans la vie intime.

Ainsi à propos de la vie publique on pourrait, en paraphrasant Sartre, affirmer que l'enfer c'est l'odeur des autres. De nombreuses odeurs emplissent la vie privée et ne sont jugées agréables qu'en raison même de leur intimité. Exemplaire de cette délectation intime, le personnage de Don Rigoberto dans *L'Éloge de la marâtre* (Vargas Liosa, 1988) qui recueillant toutes les odeurs de son amante s'exclame *« c'est par le nez que je jouis le*

---

1. Regarder l'autre dans les yeux n'est pourtant pas une injonction partagée par toutes les cultures. Dans la société japonaise, il est au contraire recommandé pour ne pas gêner son interlocuteur d'éviter de la fixer durant la conversation.

plus ». Ce n'est pourtant pas chose facile tant l'éducation opère un double travail face aux odeurs : d'une part, elle nous apprend à effacer nos odeurs corporelles, et d'autre part, par-delà cette désodorisation, elle incite chacun à trouver un parfum qui soit une source d'affirmation personnelle.

Plus profondément, l'analyse de Simmel butte sur la complexité des « impressions » (issues de l'association des différents sens) que laissent les échanges avec autrui. En effet, si l'auteur montre bien que ces configurations de sens ne sont pas stables, il entretient assez artificiellement la frontière entre l'appréhension (objective) et l'interprétation (subjective). Or, le corps est des deux côtés de cette ligne de partage.

D'une culture à une autre, d'un groupe social à un autre les acteurs mobilisent leurs sens différemment pour appréhender le monde. On ne peut isoler l'interprétation qui est déjà contenue dans une perception toujours culturellement codée. L'apprentissage sensoriel diffère aussi selon les groupes sociaux : les stimuli qui éveillent les sens du paysan ardéchois ne sont pas les mêmes que ceux de l'employé parisien. Si chaque groupe organise son univers sensoriel, le cadre de vie influe donc sur le développement des sens. La ville pour Simmel sollicite prioritairement le regard (circulation, flux des passants, vitrines…), le bruit des voitures, le brouhaha des travaux rendrait moins sensible le sens de l'ouïe. Là encore, l'auteur s'avance peut-être un peu vite en affirmant que la primauté du regard en ville serait concomitante de l'atrophie des autres sens. En effet, par exemple, nombre de motards citadins prennent plaisir à discerner les yeux fermer les vrombissements des Yamaha de ceux des Kawasaki ou des Honda (Duret et Vigarello, 1991). De même, pour M. Touché (1997) les jeunes skateurs en déplacement dans la ville se servent des sons comme des marqueurs territoriaux un peu comme les taggeurs utilisent le bombage. L'auteur les baptise du nom de « bruitistes » c'est-à-dire que non seulement ils sont bruyants mais aussi parviennent parfaitement à moduler les sons qu'ils produisent en desserrant, par exemple, plus ou moins leur roulement à bille. Les sonorités urbaines ne forment donc pas un tout indifférencié qui ne serait au citadin que pure nuisance.

2. Corps et phénoménologie : de la philosophie à la sociologie

Une des questions centrale de la phénoménologie est de savoir comment les sujets accèdent à la réalité qui les entoure par l'usage des sens. La réalité n'est pas donnée mais n'existe plutôt, pour Edmund Husserl[1], que comme une construction des sens. Une des taches que s'assigne la phénoménologie est alors de montrer comment notre présence au monde (l'être au monde) s'alimente de sensations. Le corps se nourrit de sensations au point que l'en priver représente une forme de torture. Le corps est une présence continue à soi ; mais cette présence immédiate du corps ne signifie pas pour autant une identité univoque entre le corps et soi[2]. « Le corps réunit en lui une double appartenance à l'ordre de l'objet et à l'ordre du sujet » c'est ainsi qu'en philosophe Maurice Merleau-Ponty introduit la distinction entre le corps « en soi » comme objet et le corps « pour soi » comme lieu du sujet. Il existe principalement deux manières de prolonger cette position philosophique (1964 : 180) :

– dans la première perspective, le corps renvoie essentiellement comme pour M. Merleau-Ponty (1964), à une phénoménologie de la perception. Le corps offre toujours un point de vue singulier, il est un outil de perception puis de connaissance. Le monde n'est pas comme un panorama qui passerait devant notre corps indépendant de lui. Pour M. Merleau-Ponty, c'est au contraire le corps par l'expérience sensible qui détermine le rapport au monde. Le point de vue sur le monde est toujours un point de vue sur soi dans le monde. D'où la réhabilitation des sensations et du corps qui sert de point de rencontre privilégié entre soi et le monde. La réalité phénoménale est le produit de l'expérience subjective sensorielle de chacun. Quand trois personnes (par exemple, un enfant de huit ans, une jeune femme et un obèse) prennent le même avion et se retrouvent côte à côte, elles disposent chacune d'un corps avec un gabarit plus ou moins facile à faire tenir dans les sièges, qui entraîne des expériences très différentes de leur voyage. L'enfant trouvera

1. En prenant le contre pied du primat de la pensée (le *Cogito* cartésien) qui donnait son identité à l'être.
2. Par exemple, dans les situations extrêmes (haute montagne, naufrage) le corps est à la fois assailli de sensations portant sur la survie et détaché de l'être.

les sièges immenses, la jeune femme les trouvera plutôt inconfortable, et l'obèse les jugera dramatiquement étroits ;

– dans la seconde perspective, le corps percevant et aussi un corps agissant ; ainsi, A. Schütz a imprimé à la phénoménologie une dimension pragmatique[1], qui pose selon cet auteur la question du tiers et de l'interaction. Si dans l'avion, pour poursuivre l'exemple, le garçon de huit ans sépare la jeune femme de l'obèse, celle-ci a toutes les chances de passer un voyage plus confortable[2] que si elle côtoie directement l'obèse.

Mais il faudrait réintroduire une dimension supplémentaire pour analyser la situation, celle de l'expérience des voyageurs. Tassée contre le hublot la jeune personne ne disposant pas de l'accoudoir annexé par l'obèse sera objectivement en position délicate. Il lui restera donc soit à se lancer dans une guerre perdue d'avance pour regagner quelques centimètres soit à tenter de se dégager de l'inconfort de la situation d'une autre manière en la relativisant par son expérience, en se disant par exemple que ça aurait pu être pire[3].

Se pose aussi la question du partage de l'expérience sensible. Jean Griffet (1994) insiste sur l'importance dans la construction de l'identité des personnes « d'éprouver à plusieurs une sensation qui vaut pour expérience marquante ». Pour cet auteur, le partage de l'expérience corporelle sensible constitue un pilier majeur de la constitution de soi. Il s'attache aux formes sensibles de la vie sociale sportive. Tout apprentissage d'une technique sportive est simultanément un apprentissage sensoriel et la mise en commun des expériences corporelles sensibles indispensable aux progrès. À partir d'entretiens, J. Griffet souligne combien « communiquer le sensible » correspond pour les sportifs à une véritable nécessité. Mais si ce partage est particulièrement crucial il est également, particulièrement délicat. Le sensible frôle l'indicible. Cette difficulté est accrue quand les sportifs découvrent une nouvelle activité ou un nouvel univers de pratique comme ce fut le cas avec la plongée sous-marine. Le vocabulaire de référence manque, les récits sont obligés de recourir à de nombreuses métaphores.

---

1. Influencé par les lectures de W. James et de J. Dewey.
2. Sauf si elle est liée par un lien de filiation avec l'enfant, ou encore avec l'obèse qu'elle voudra assister en cas de besoin.
3. Comme, par exemple, la fois où elle a voyagé à côté d'un incontinent

L'auteur pose alors la question des conditions de transmissibilité des expériences corporelles. Le lecteur qui n'a pas connu lui-même l'expérience est souvent pris dans une situation paradoxale ; d'une part il est saisi par un effet de réel, les descriptions prenant corps sous ses yeux, mais d'autre part, il reste sur le seuil et ne peut jamais se laisser aller à se couler dans des sensations sans doute fort bien retracées mais qu'il ignore. Ainsi, chercher à signifier les sensations corporelles par des procédés d'enregistrement indirect (film, photographie, récit) aboutit malgré la fidélité de la reproduction à produire *autre chose* que ce qui a été senti sur le moment. L'image fait plus obstacle à la sensation qu'elle ne la rappelle. J. Griffet suggère que la communication des expériences corporelles (en particulier de la pleine nature) ne semble pouvoir s'opérer que par un partage préalable de l'activité.

Dire que l'expérience joue sur l'être au monde signifie qu'en fonction de celle-ci le corps percevra différemment, sera plus ou moins réceptif. Il n'y a donc pas d'harmonie définitive entre sensation, perception et jugement. En outre, les personnes ne peuvent être réduites à de simples êtres de sensations qui ne disposeraient d'aucune propriété ni d'aucune qualification sociale (Benoist, Karsenti, 2001).

Pour écarter le sensualisme philosophique que se satisfait de décrire les impressions singulières de chaque être au monde, des sociologues se sont questionnés sur le passage des sensations au jugement, c'est-à-dire sur le travail collectif de constitution d'un processus de délibération. L'entrée par le « comment » des procédures perceptives est un recours pour éviter de s'en tenir à l'analyse de la sensation « en soi » et « pour soi ».

3. Le travail d'expertise : un corps à corps avec les objets

Pour fournir une analyse plus sociologique de nos « perceptions » F. Chateauraynaud propose la notion de « prise ». C. Bessy et F. Chateaureynaud (1995) l'utilisent pour analyser les compétences partagées par l'expert et par le faussaire. Les savoirs-faire de ces deux professionnels, antagonistes mais indissociables, reposent sur l'expérience perceptive. La « prise » renvoie au corps à corps mené dans tout travail d'objectivation d'objets devant être qualifiés d'authentiques ou de contrefaçons. L'attention nécessaire à l'expert repose essentiellement sur les réactivations de dispositifs sensoriels et perceptuels mis en sommeil par les routines. En effet, dans la vie courante, la plupart des objets ont la propriété de « devenir transparent ». Dans les situations ordinaires, la répétition du quotidien augmente certes nos possibilités de comparaison avec du déjà connu mais diminue d'autant notre vigilance. En récupérant ma monnaie chez le boulanger, je ne vais pas vérifier si les quelques centimes d'euros qui me sont rendus ont le bon diamètre, le bon poids, possèdent toutes les marques nécessaires. Cette confiance est accordée à d'autant bon compte qu'une pression temporelle m'incite à ranger mon porte-monnaie et à faire place au client suivant. Ainsi, pour les auteurs, les objets subissent en définitive peu d'épreuves visant à défendre leur authenticité.

L'expert lui arrête le flux sensoriel ininterrompu qui nous assaille. Il prend son temps pour analyser les indices gommés par la répétition inlassable des mêmes routines. Face à l'art du faussaire qui consiste à profiter du manque de vigilance de ses victimes, l'expert oppose son propre « art de la prise » : il palpe, touche, renifle, saisit l'objet par le corps, relie toute une série de perceptions pour aboutir à un jugement[1]. L'expertise consiste d'abord en une succession d'épreuves sensorielles. À chacune des étapes de l'expert le corps joue un rôle central. La première consiste à mettre ses sens en alerte. Selon leur domaine, les experts adoptent telle ou telle chronologie pour activer séquentiellement leurs sens. L'expert en mécanique mobilisera d'abord l'ouïe (et pourra diagnostiquer une panne à la seule écoute du moteur), puis vérifiera son jugement grâce au toucher (par exemple, l'huile fuit bien là où il l'avait pressenti) et enfin à la vue (ce n'est qu'une fois le moteur démonté qu'il se donne à voir). Pour authentifier des faïences, intervient d'abord la vue (l'émail ancien est peu brillant) puis l'odorat (les vernis restaurateurs ont une odeur qui les trahit) et enfin l'ouïe (les faïences possèdent une sonorité particulière). L'expert en tissu privilégiera le toucher avant même la vue. Inversement, l'œnologue mobilisera la vue, puis l'odorat, enfin le goût (lui-même décomposé en « première bouche » et « longueur en bouche »). Les auteurs remarquent que l'œnologie donne un rôle capital au sens au point d'en placer le nom des organes dans l'appréciation du vin elle

1. Une des conditions majeures de ce travail d'objectivation est que l'objet soit détaché du corps. L'expert utilise son corps mais tient l'objet à distance.

même. On dira, en effet, d'un vin qu'il a « un très beau nez » ou « un nez puissant », qu'il a « une bouche ample » ou « ronde » Autant d'expertises où le dispositif sensoriel ne s'oppose pas à l'instrumentation mais la complète pour donner une pleine efficacité au jugement. Il n'y a donc pas lieu d'opposer les experts d'aujourd'hui à ceux d'hier dans ce qui serait une querelle des anciens contre les modernes au sujet de l'usage des instruments de mesure. L'expert ne se contente pas de procédure inflexible mais est capable d'un retour réflexif sur son activité à même de reformuler les prises par lesquelles il a analysé l'objet ; il ne se contente pas d'intuition, c'est-à-dire inversement d'un espace de calcul reliant sensations et raisonnement mais d'une manière peu ou pas explicitée. La notion de « prise » est indispensable aux auteurs pour expliquer ce qui joue au moment de l'expertise entre l'action « située » et les compétences « déjà là ». La manière de prendre l'objet (« la prise ») renvoie à l'histoire de l'acquisition des compétences que mobilisent les sujets dans leur travail perceptif. Cet apprentissage se déroule dans une durée où le corps garde suffisamment en mémoire les expériences antérieures pour capitaliser les schèmes cognitifs pour gérer l'expertise présente.

De son côté, le faussaire utilise « le pli » c'est-à-dire, pour les auteurs qui empruntent à G. Deleuze (1988), nos petites habitudes faites d'un ensemble de perceptions si courantes qu'elles en deviennent infra-conscientes. C'est sur le « fond noir » des petites sensations quasi-inaperçues que va s'installer le faussaire en suivant les plis de ceux qu'il imite en prenant précisément en compte les habitudes perceptuelles de ses victimes. À un premier niveau, le faussaire endort la vigilance de ses proies, à un second, il s'en sert et l'oriente. Ainsi, le faussaire médiocre se satisfera de produire une copie servile, qui insiste (un peu trop) sur les qualités faciles à discerner de l'objet. Mais le faussaire de haut vol, ne se contentera plus de supposer sa victime mise en confiance par de tels signes de reconnaissance, il anticipera une montée de vigilance du consommateur et fournira alors des prises par lesquelles il espérera orienter le parcours d'analyse mis en œuvre.

On pourrait discuter l'affirmation de l'ouvrage soutenant que dans le quotidien les acteurs accordent leur confiance aux objets et soutenir au contraire qu'ils ne l'accordent que rarement. Les situations dans la vie ordinaire où nous nous conduisons en expert ne manquent pas. Nous sommes bien souvent en train d'en comparer les propriétés d'objets aussi variés que plusieurs papiers toilettes ou différents téléphones mobiles. Quand vient l'heure d'acheter un équipement électroménager, des vêtements, une automobile, dès que nous abandonnons les *a priori* pour telle ou telle marque, nous adoptons la posture de l'expert ou pire encore nous la singeons si nous sommes incompétents. Mais souvent aussi, d'une manière moins explicite, face à des sollicitations de tiers, nous nous conduisons en expert comme, par exemple, dans le métro. Quand des mendiants passent d'une rame à l'autre, les voyageurs sont amenés, dès qu'ils ne refusent pas systématiquement de donner, à pratiquer un choix ne pouvant répondre aux innombrables sollicitations (Duret, 1996)[1]. À partir des apparences des quêteurs, on peut chercher à s'engager dans la construction d'une catégorie de « déviants », mais leur manque d'homogénéité conduit à renoncer à une désignation « particularisante et essentialiste » de la déviance au profit de l'analyse des processus de dévoilement ou de dissimulation du stigmate (Goffman, 1975 : chapitre 5). En effet, si la vision du stigmate joue sur l'émotion nécessaire pour déclencher le don[2], elle est néanmoins rarement indépendante d'un rapide travail d'authentification de la souffrance corporelle du quêteur. Du coup, contrairement aux personnes « discréditables » qui tentent de dissimuler leurs stigmates pour éviter d'être « discréditées » (Goffman, 1975), le quêteur est amené à intégrer le sien dans la gestion de son apparence. Sa situation n'est plus celle de quelqu'un se cachant face à un réseau de surveillance mais au contraire celle d'un individu rendant visible son stigmate pour attirer l'attention d'une masse indifférente. Le culte de la normalité qu'il doit servir tout en en constituant la figure inversée suppose de réveiller la « stigmatophilie » du public (c'est-à-dire la tendance à se délecter du spectacle des stigmates chez les autres pour se sentir confirmé dans son identité de « normal »). La visibilité du handicap peut alors être source du don. Loin d'être caché, les stigmates sont, de fait, exposés au point parfois que pèse sur eux un soupçon incrédule : l'aveugle, le boiteux le sont-ils bien ou se confectionnent-ils une apparence ? Les porteurs de stigmates sont alors suspectés de ne pas être vraiment les victimes qu'ils nous présentent.

1. La multiplication des quêteurs fait qu'ils rentrent inévitablement en concurrence sur ce qui devient un « marché » de la compassion.
2. Dans la parabole biblique du bon Samaritain, comme dans le droit français, c'est le regard qui crée l'obligation d'assistance (à personne en danger). Quand la souffrance est à portée de vue et à portée de main, que l'on soit sur la route qui mène de Jéricho à Jérusalem ou dans le métro, on se doit de soulager la détresse d'autrui.

Pour pouvoir ne rien donner et de surcroît avec bonne conscience, les voyageurs sollicités mènent une recherche d'indices visant à mettre en lumière le simulacre dont ils feraient l'objet. Face à cette exigence, le quêteur tend à organiser sa présentation corporelle à partir d'une double contrainte : il lui faut « prouver » qu'il est « réellement » en difficulté mais il a également intérêt à suggérer qu'il ne se laisse pas aller. Son état de détresse physique doit être probant et ne laisser aucun doute sur la réalité de son malheur mais doit tout autant donner à voir le processus engagé pour ne pas tomber plus bas. Cette évaluation repose sur des critères très variables en fonction de l'âge des mendiants (Duret, 1996). Elle est plus particulièrement exigeante envers les jeunes quêteurs qui peuvent être accusés de baisser les bras sans s'être battus pour la reconquête de soi et de la normalité. Inversement, la déchéance physique peut être mise au crédit des plus vieux. On ne peut supposer que leurs rides mentent[1]. Mais tous les stigmatisés doivent faire preuve de « savoir vivre », la tolérance et l'écoute de leur public, dès qu'elle ne repose pas sur la menace et la peur, supposent presque toujours, comme l'a montré Goffman (1975 : 145), un marché tacite. La sollicitation doit s'opérer dans des formes attendues et ratifiées par le quêteur dans des formules comme « que vous donniez ou non à tous bonne journée ». En définitive, le stigmate le plus pénalisant pour le quêteur est celui de la transgression des attentes normatives touchant le cérémonial de leur requête.

Les emprunts de la sociologie à la phénoménologie montrent que le corps est la condition de l'être au monde. En ce sens, le travail de découverte plus ou moins experte des objets et des autres suppose la mise en jeu des sens. L'éducation nous apprend pourtant soit à les faire taire soit à dissimuler ce qu'il pourrait saisir de notre corps. Mais nous ne contrôlons pas totalement ce que nous donnons à voir ou à ressentir. Les sens révèlent alors l'intimité la plus secrète de l'individu. Contrairement au raccourci réductionniste ne voyant dans la montée de l'individualisme contemporain que l'effacement

1. On ne peut s'empêcher en voyant le vieillard à l'abandon de ressentir un intense malaise. Sa seule présence dans les couloirs du métro mériterait réparation. Clochard crasseux, il émeut par la violence qu'il subit , celle que la société lui inflige et celle qu'il exerce contre lui-même. L'association de sa déchéance physique et de son abandon par la collectivité suffit alors à basculer du dégoût vers la compassion. La répulsion initiale éprouvée à la vue de ses fréquentes dermatoses et œdèmes fait place à la pitié dès qu'il est considéré en victime.

des formes collectives de la vie sociale, il s'agira de montrer dans ce chapitre comment s'opère aujourd'hui dans notre société l'équilibre précaire entre le « je » et le « nous », l'engagement personnel et les normes collectives.

4

CORPS ET MODERNITÉ

Loin de présenter l'action individuelle comme si les individus existaient de manière autonome, il s'agira de montrer ici comment s'opère aujourd'hui dans notre société l'équilibre précaire entre le « je » et le « nous », l'engagement personnel et les normes collectives.

Nous avons vu précédemment (Chap. 1) comment l'individualisme se sert du corps pour fonder l'individu. Évolution de cette tendance, un ensemble de pratiques (thérapies corporelles, fitness, jogging) apparaissant dans les années 1970 vont jusque dans les cas extrêmes faire de l'individu le produit de son corps. Il suffirait de changer son corps pour changer sa vie. Point commun à ces pratiques fort différentes : l'individu cherche un épanouissement dans l'intimité. Ainsi, qu'il s'agisse de la fréquentation assidue d'un espace de remise en forme, d'un entraînement au marathon, d'une passion pour les thérapies corporelles, l'intime devient la valeur clé nécessitant pour atteindre le bien être recherché l'approfondissement de l'exploration de soi.

1. ILLUSIONS DE LA LIBÉRATION DU CORPS PAR LES THÉRAPIES CORPORELLES DU MIEUX-ÊTRE

Les thérapies corporelles des années soixante-dix et leur éventail de techniques promettaient un mieux être centré sur l'écoute de soi. Importées pour l'essentiel de Californie, elles se développent en France dans un contexte culturel qui valorise la psychologie de l'inconscient tout en souhaitant se démarquer de la psychanalyse. Elles postulent en effet avec Wilhelm Reich et contre Sigmund Freud qu'agir sur le corps permettrait d'accéder directement à l'inconscient. Les thérapies corporelles d'inspiration reichienne[1] préconisent les massages, les contacts et touchés corporels pour détruire la

1. W. Reich (1952) souhaite libérer l'énergie vitale qui se mobilise et s'éprouve prioritairement dans le plaisir, c'est la fonction de l'orgasme (l'auteur ira même jusqu'à inventer une extravagante unité de mesure).

« cuirasse caractérielle et musculaire » provoquées par le refoulement de la sexualité. Le corps détiendrait donc du caché qu'il suffirait de laisser advenir en refusant le principe psychanalytique de la verbalisation. Il faudrait aussi pour cela rompre avec les techniques sportives trop rigides. En effet, il ne s'agit pas de renforcer le corps à l'instar des gymnastiques ou des sports traditionnels mais bien au contraire, à la manière d'une anti-gymnastique (Bertherat, 1976), de lui ôter ses cuirasses pour laisser œuvrer ses potentialités émotives. Dans une perspective voisine, la bio-énergie de A. Lowen[1], le *Rebirth* de Orr[2] ou encore le cri primal de Janov[3] suggèrent que l'expression des émotions au contact de l'autre occupe une place thérapeutique centrale. G. Vigarello (1977, 1982, 1993) raille ces attentes démesurées envers un corps qui parlerait de lui-même en donnant à voir l'intériorité du sujet. Il dénonce l'illusion d'un raccourci corporel permettant l'accès immédiat à l'inconscient. L'auteur fustige donc dans ces pratiques la fascination toute particulière pour les crispations et les tensions corporelles censées révéler les conflits psychiques. Ceux-ci s'apaiseraient en même temps que se dissiperaient les blocages. Il ironise sur les transpositions abusives voulant que les douleurs aux muscles profonds et superficiels renvoient à des blessures diversement profondes du moi. L'auteur met en garde face à de tels raccourcis et aux usages excessifs des analogies quand l'inconscient visible et tangible pourrait presque être cartographié. Ainsi, dans ces approches le corps doit bouger « librement » comme il associe « librement » en analyse. Est donc conservée, en particulier en expression corporelle, une grande marge d'improvisation motrice laissée à l'inspiration des participants. Mais cette permissivité donnée pour débrider les corps, briser les blocages inconscients et stimuler la créativité produit pour l'essentiel des stéréotypes. Vigarello analyse également l'opposition entre ces pratiques auto-proclamées « douces » avec les techniques sportives censées bâillonner le corps par des prescriptions autoritaires. L'auteur épingle là l'hypocrisie des animateurs qui n'ayant de cesse de dénoncer toutes sources d'autorité sur les corps se

1. Là encore dissoudre les tensions psychiques suppose de recourir au sensible pour permettre « la libre circulation de l'énergie vitale » (A. Lowen, 1997 : 174).
2. Il s'agit de revivre l'histoire de sa naissance et sa petite enfance.
3. Il s'agit de permettre à l'individu de régresser d'un point de vue à la fois ontogénique te phylogénétique pour revivre dans une surenchère non seulement son histoire personnelle mais celle de l'humanité.

conduisent eux mêmes comme de véritables gourous et reproduisent en pire les relations qu'ils critiquent.

Substituer le corps à la parole revient à prolonger le dualisme par une simple permutation des rôles accordés au corps et à l'esprit. Partant du constat de la personne comme totalité, la gestalthérapie propose une approche plus intégrée des rôles alors complémentaires du corps et de la parole. Face à un symptôme physique, le travail thérapeutique ne consiste plus simplement à se débarrasser des tensions corporelles, mais il est censé établir le lien entre la tension et l'histoire personnelle du patient exprimée verbalement. Il s'agit donc de parler à partir de situations corporelles des peurs qui ont fait naître des tensions. Pour F. S. Perls (1969), les souffrances psychiques sont liées à des « *Gestalts* » dont le cycle (pulsion, mise en tension, satisfaction du besoin, apaisement) n'a pas été achevé. La tension demeure source pour l'auteur de névrose, le patient doit donc prendre conscience des « *gestlats* incomplètes » les revivre par le corps et en parler. Là encore Vigarello (1977) pointe la simplification abusive et s'en prend à l'optimisme béat en matière de désirs de la vulgate « à chacun selon ses besoins » ; cela supposerait en effet que les désirs et les appétits humains soient limités et raisonnables. Or pour l'auteur, même dans une perspective sociologique les désirs de chacun rebaptisés alors « besoins » ou « intérêts » sont sans borne au point que s'ils s'exprimaient ils entraîneraient, comme le pensait d'un point de vue psychanalytique Freud, la guerre de tous contre tous. Il n'est guère envisageable que chacun puisse vivre toutes ses envies sans nuire au lien social, d'où l'apprentissage d'un renoncement consenti devant faire l'objet comme le pensait É. Durkheim, dans des textes toujours d'actualité, d'une « éducation morale » (1996).

2. Une culture « narcissique » du corps ?

Présentés comme des sortes de communautés alternatives, ces groupes de « potentiel humain » ont pourtant comme caractéristique essentielle, de par le retour sur soi qu'ils offrent, de constituer une étape importante dans la montée de l'individualisme. Le corps y triomphe sur un mode individualisé, intime et dépolitisé (Vigarello, 1982). L'écoute de soi et la sollicitude autoréférentielle n'y sont plus réfrénées mais encouragées. En outre, les repères corporels ne sont plus ceux de l'efficacité au service d'une utilité collective, mais bien ceux d'un « bien être » individualisé. Le corps inaugure un nouveau rapport à la sphère privé où l'hédonisme et la recherche du plaisir sont devenus légitimes. Cette quête suscite, pour G. Lipovetsky (1984), un état de « narcissisme avancé », décrit comme consubstantiel de l'individualisme de la fin du XXe siècle. Dans *L'Ère du vide*, l'auteur montre comment dans une société qu'il nomme « post-moderne » la place laissée vacante par la fin des transcendances et l'agonie de la parole politique vient à être occupée par le narcissisme. Il faut cependant revenir sur les expressions « narcissisme » et « post-moderne ».

Le « narcissisme » dont il est question ne revient pas à oublier les autres et finalement se perdre dans son reflet. Le temps passé, par exemple, par les adeptes du *fitness* devant le miroir suggère certes en première analyse une capacité à se complaire de sa propre image. Pour le sens commun voilà des personnes qui « se regardent le nombril ». Or le miroir renvoie toujours à des modèles tiers, le reflet n'est pas là pour faire oublier les autres mais précisément pour rendre sensible à leur image. Il s'agit d'être ou de devenir le plus bronzé, le plus musclé, la plus mince… L'exaltation de la singularité combinée avec le « désir mimétique » (R. Girard, 1972) conduit à vouloir être soi-même tout en souhaitant avoir la taille de Naomie Campbell, ou les jambes de Cindy Crawford. L'adepte du *fitness* est une envieuse c'est-à-dire précisément l'inverse d'une pure narcissique. L'amour de soi ne s'épanouit donc pas de manière autonome (comme dans le mythe grec) mais se développe ou s'étiole en fonction de la distance qui sépare des modèles convoités. Le miroir ne scelle pas l'isolement mais la comparaison. Ainsi, on peut rester sceptique face à la description de Lipovetsky quand il dépeint « après Prométhée, Faust ou Sisyphe, Narcisse subjugué par lui-même dans sa bulle de verre » (1984 : 48) comme la nouvelle figure de notre condition. Narcisse n'est plus immobile mais au contraire lancé dans une quête éperdue de soi dans les images des autres[1].

De même, nous défions nous de l'expression « post-moderne » qui soit, d'une part, revient à un aveu d'impuissance des sociologues incapables de nommer l'ensemble des signes offerts par la nouvelle société sans faire réfé-

1. D'où une double contrainte le corps devrait pouvoir s'exprimer sans réserve mais sans pour autant sortir du cadre offert par les codes sociaux et les jugements esthétiques.

rence à la précédente, soit d'autre part suppose que la mutation n'est pas encore suffisamment avancée pour pouvoir la baptiser. Le néologisme ne réduit donc guère l'indétermination qu'il souhaite combattre. Nous nous contenterons de qualifier notre société « d'actuelle » et de constater qu'elle ne sonne pas le glas de la consommation mais son apothéose, en prenant le corps pour objet nous sommes voués à consommer toujours plus de sports, plus de cosmétiques, plus de soins médicaux, plus de vêtements à la mode (Lipovetsky, 1987).

Dans une société d'individus, où les collectifs d'appartenance ne fournissent plus de modèles décisifs, le culte du corps devient un but suffisant en soi. Pour l'auteur, l'apparence recouvre alors la totalité du soi, elle donne l'identité. Le corps permet une existence purement actuelle, sans transcendance, sans autre objectif que l'entretien de son potentiel physique et de séduction. L'attention vouée au corps est d'abord une lutte contre son vieillissement, un combat permanent contre les signes de sa dégradation, un effort pour se mettre hors du temps. Lipovetsky montre que la passion du corps jeune devient le pilier du processus de personnalisation. Le mythe de l'éternelle jeunesse est porté par la recherche d'un corps qui « ne fait pas son âge ». Aucune partie du corps ne doit échapper à cette surveillance[1]. D'où le foisonnement de produits, de cosmétiques et d'accessoire présentés comme indispensables à cette croisade. Le corps de l'adolescente est devenu celui du rêve par excellence parce qu'il symbolise la liberté, l'absence de contrainte[2], la disponibilité[3], et la maîtrise de soi. Pour faire tenir un travail de singularisation identitaire (où chacun se pense différent des autres) dans une pratique de masse (où chacun fait à peu près la même chose que son voisin), l'entraînement du corps doit passer par le choix à la carte de pratiques physiques toujours plus diversifiées ; d'où, d'un point de vue de l'évolution des salles de mises en forme, un incessant élargissement des variétés de pratiques offertes. Les salles de gymnastique se transforment en centres de remise en forme. L'entraînement, le « *personal training* » est un parcours

1. Jacques Dessange, par exemple, propose une crème anti-âge pour les cheveux afin qu'ils conservent « l'éclat de la jeunesse ».
2. Le besoin d'être admiré pour sa beauté et son charme intensifie la peur de vieillir et s'accompagne d'un désintérêt pour les générations futures.
3. La beauté pour les filles n'est certes plus la seule porte d'entrée dans les rêves de réussite sociale, mais elle reste cependant un des premiers que les médias lui propose.

individualisé que chaque pratiquant détermine en choisissant dans l'ensemble des cours qui lui sont offerts ceux qui lui conviennent. Ce n'est qu'au prix de la multiplication de ses variantes que la pratique de masse peut conserver l'aspect illusoire mais stimulant d'une auto-construction subjective.

Condamnés à innover en permanence pour ne pas être frappés d'obsolescence, les responsables de salle substituent volontiers à la présence en continue d'un moniteur, celle de machines d'entraînement programmables qui semblent laisser plus d'initiative au pratiquant (Bessy et Hillairet, 2002) ; c'est à lui et à lui seul qu'il revient d'en régler l'intensité et la durée des exercices. À la salle de *fitness* le client construira donc son programme individualisé et choisira entre des activités de la famille des étirements[1], ou de celle de l'activation cardiaque[2], ou encore une des hybridations entre les sports de combat et la danse[3], ou une des variantes de la musculation[4] sans oublier saunas, bains à remous et cabines d'UVA. Présenter toujours de nouveaux services est une nécessité absolue pour masquer par l'étendue de la carte la pratique de masse. La plus grande des défaillances n'est plus l'inactivité mais l'incapacité d'individualiser l'activité.

Comme le dit la formule publicitaire : « allez au *gymnase club* c'est prendre rendez-vous avec soi-même »[5]. Les soins portés au corps reviennent tout à la fois à s'installer dans une vie unique et s'en penser l'unique propriétaire.

---

1. Du type « stretching », « body-balance » « Qui-Qong » ou « Low impact ».
2. C'est-à-dire les « Steps » (exercice sur des estrades individuelles), l'aérobic, le « cardio-fitness », le « cardio-skip », le « cycling ».
3. Comme le « body combat », le « body-attak », ou le « working-box » qui sont des gymnastiques qui s'inspirent à la fois des arts-martiaux et de la danse.
4. Musculation d'entretien (de type parcours généraliste), musculation spécifique d'affinement (de type « abdo-fessier »), musculation sculpturale (de type body-building).
5. O. Bessy (1987, 2002) montre que si la massification est indéniable par contre la massification n'est qu'apparente entre les « leclercs de la forme » chaînes comme le gymnase club ouvertes sept jours sur sept avec des abonnements forfaitaires bien plus accessibles que ceux des « fauchons de la forme » tel que les gymnases Vitatop ou Jean de Beauvais qui se distinguent par le confort du cadre d'exercice, l'encadrement du client et un rapport privilégié aux moniteurs. Les chaînes comme « gymnasium » et « waou » adoptent aujourd'hui la même logique d'aménagement « Une architecture belle et lumineuse, de l'espace, des matériaux naturels comme le bois ou la pierre » (prospectus waou 2001). Les centres sont subdivisés en plusieurs espaces : espace forme, espace vitalité, espace détente et espace enfant.

Le culte du corps est d'abord celui de la quête de soi (agir par soi-même et pour soi-même). Soigner son corps, c'est construire son identité. « Devenir soi-même » postulat de mœurs des années 1990, repéré par A. Ehrenberg (1991, 1998), passe tout d'abord par la prise en main de son corps. Essayer de se ressembler génère un surplus de liberté, d'autonomie et légitime l'authenticité de nos actes, mais la contrepartie de l'énergie que chacun mobilise pour y parvenir se paye par des « dépressions » (Ehrenberg, 1998) pathologies spécifiques de la prise d'initiative non assumée. Le bond en avant de la logique individualiste « vivre libre » a donc pour coût la responsabilité personnelle. Le déprimé ne se sent pas à la hauteur, il se sent insuffisant, il est fatigué d'avoir à devenir lui-même. La déprime est la pathologie de la personne qui cherche à être seulement elle-même.

3. La critique politique du signe

Pour Jean Baudrillard, l'investissement « narcissique » individuel est à replacer à un niveau politique dans la logique capitaliste qui organise la gestion des signes corporels. L'auteur développe l'idée que cette économie politique conduit les rapports sociaux contemporains à être gouvernés par le marché des signes. Dans une société dominée par ce type de production et d'échange, le corps devient « un charnier de signes » (1980 : 155).

En effet, dans cette *société de consommation* (Baudrillard, 1986) le corps est le « plus bel objet » car toujours à redécouvrir, toujours à entretenir, toujours à exposer. C'est la répétition même des attentions qu'il réclame qui conduit à en faire une obsession. Le corps comme image ou fétiche semble servir à définir entièrement l'individu qui l'incarne. On s'identifie à lui. D'où l'équation voulant que ce qui est bon pour son corps est bon pour soi. Les positions respectives du corps et de l'âme se sont quasiment inversées, les individus n'ont qu'un corps et sont déterminés à le sauver ; la reconnaissance de l'importance du corps longtemps niée amène à chercher à le montrer pour lui-même. Du coup, les signes corporels prennent une nouvelle dimension moins axée sur les codes de civilité que sur l'apparence. L'auteur suggère avec un regard critique que pour se découvrir il est moins nécessaire de connaître son corps que d'en faire un objet spectaculaire. Il ne s'agit donc moins d'être heureux et bien dans son corps que de posséder les signes visibles du bonheur et du bien-être. Du coup, le discours sur la « libération » du corps ne renvoie pas au plaisir d'être soi mais au regard porté sur soi.

L'impératif est avant tout dans le paraître et le faire-valoir. Ce souci guidé et contraint par les codes de l'économie politique du signe, conduit à une aliénation. Pour l'auteur, le corps est essentiellement devenu un capital qu'il faut faire fructifier. Il importe de gérer son propre corps au mieux sur le marché des signes ce qui entraîne une majoration de sa valeur d'échange par rapport à sa valeur d'usage. « Ce ne sont plus que des signes qui s'échangent. Le corps fonctionne comme une valeur signe » (Baudrillard, 1986 : 207). Le corps prend pour l'auteur une importance croissante dans les formes de séduction d'où sont exclues toutes surprises, mais où prévaut au contraire la reconnaissance de signes attendus. Entreprendre l'inventaire des signes possédés ou convoités conduit à un morcellement du corps, sorte de « puzzle » à déconstruire et à reconstruire. Si certaines parties restent plus importantes que d'autres (le visage par exemple) toutes doivent faire l'objet d'une indispensable attention. La promotion de la sexualité dans des « objets désignés par avance » (Baudrillard, 1980 : 181) contribue à l'érotisation du corps ; mais là encore la promotion de la sexualité au nom de l'émancipation des mœurs ne conduit qu'à l'aliénation du sujet dans un processus qu'Herbert Marcuse le premier avait nommé « désublimation répressive ». Baudrillard repère une homologie structurelle entre le corps et les objets, mais est-ce suffisant pour en faire une marchandise ?

4. Le corps comme partenaire

D. Le Breton (1990, 1992) suggère comment s'opère aujourd'hui un détachement entre soi et son corps. Le corps est l'autre le plus proche « le double fidèle, mais façonné sans indulgence » (1998 : 52). Pour l'auteur, la modernité sacre le corps en réalité autonome sous l'œil attentif de son propriétaire. Toujours à portée de la main, le corps devient donc un double, un représentant, un faire-valoir qui avantage ou dessert celui qui l'habite. Pour l'auteur, la passion grandissante pour le corps est une conséquence directe de la structuration individualiste de la société. L'individualisation dans sa phase actuelle contribue à ce que l'on attribue au corps une valeur de partenaire privilégié. L'individu cherche des substituts en lui-même de ce qu'il n'arrive plus à atteindre dans la sociabilité ordinaire. Isolé par le déclin des valeurs collectives et souvent face à la solitude, l'acteur peut même recréer une sociabilité imaginaire dans un espace de dialogue entre soi et son corps, en lui prodiguant de l'entraînement mais aussi de la tendresse, des soins. Le corps est, pour certains démunis de relations sociales, le meilleur ami qu'ils puissent avoir. Il devient l'*alter ego*, le seul coéquipier fidèle sur qui l'on puisse compter. Ainsi en se repliant sur lui-même l'individu ne s'occupe plus que d'explorer et d'entretenir son corps pour trouver en lui le partenaire qui manque à ses côtés.

Le corps sert de tenant lieu de relation à l'autre. De ce corps dissocié D. Le Breton dit que « il est un objet à choyer dont il faut se concilier les faveurs, un *alter ego* qu'on cajole » (1990 : 166). L'acteur nourrit avec son corps « une relation de bienveillance attendrie » (1998 : 54). Le corps en somme est le facteur d'individuation par excellence car il est le lieu de la souveraineté de l'acteur sur son monde portatif. Mais la société actuelle connaît un versant inverse où le corps n'est plus le pilier de la construction de l'identité et où il semble au contraire voué à la disparition (Le Breton, 1999) montrant au contraire que la société actuelle favorise la construction d'identités multiples en l'absence du corps. En insistant sur la précarité de la chair, sa fragilité, sa fatigabilité, son imperfection se développe aussi un « imaginaire » - pour le dire comme l'auteur - du dénigrement du corps qui vient concurrencer le précédent basé au contraire sur sa célébration. Ainsi à l'heure de la société de communication dans le cyberespace, le corps représente un fardeau inutile et encombrant. Il passe alors pour le membre surnuméraire de l'homme. L'enveloppe charnelle semble là uniquement pour emprisonner l'individu. À ce titre les forums internet, le mail et les jeux informatiques constituent des évolutions révélatrices. Les frontières corporelles, nos premières bornes identitaires, se trouvent là, en effet, profondément contestées. La communication internautique met un terme aux contraintes corporelles de l'identité. Les échanges entre inconnus à distance permettent notamment de neutraliser les variables d'âge et de sexe. Hors de vue de votre vrai visage et de votre vrai corps, votre identité est ce que vous voulez en faire ; chacun peut adopter à sa guise les traits du personnage de son choix. Le net favorise les identités multiples. Comme le souligne encore D. Le Breton (1999 : 143) : « il libère de l'assignation de soi, favorise le jeu, la drague et à tout moment la possibilité de disparaître. Le corps ne risque plus de trahir ou de faire reconnaître ». La cyberculture remet en cause la souveraineté du corps, il semble pouvoir être tenu à l'écart de l'individu.

Qu'il soit célébré ou gommé, le corps dans notre société est fragmenté ; le dualisme de la modernité se déploie sur deux versants opposés : d'une part sur celui du corps survalorisé faisant l'objet de toutes les attentions, d'autre part sur celui du corps déprécié car jugé encombrant. Mais le souci de l'apparence et l'occultation du corps se rejoignent parfois dans le sort fait aux vieillards, aux handicapés, ou aux mourants qui n'ont plus guère le droit d'exposer leur corps ou leur souffrance. La libération du corps que visent les différentes approches « post-modernes », « sur-modernes » ne sera pas qu'un leurre à partir du moment où ces personnes dérangeantes seront parvenues à reconquérir le droit de se montrer.

5

LE CORPS ENTRE ESTHÉTIQUE ET ÉTHIQUE

Les préoccupations pour l'image de soi recouvrent non seulement celles du corps dans l'interaction avec ses codes, mais encore celles liées à la beauté et ses jugements esthétiques. Le souci du corps s'apparente alors à une poursuite de formes consacrées comme idéales ou à la recherche d'une apparence plus personnelle.

Le paraître offre deux interprétations mettant en tension l'expression de l'authenticité et le camouflage de la réalité du soi intime. Le rôle de l'apparence oscille donc entre servir de voie d'accès à l'intime et servir de parade protectrice. Dans le premier cas, le corps n'est plus un obstacle à la perception de la « vraie beauté » longtemps donnée pour intérieure ; au contraire, la beauté doit se voir dès le premier regard. Dans le second, il n'est qu'une enveloppe trompeuse qui ne dit rien de l'intériorité du sujet. Toute personne qui n'ignore rien des normes esthétiques peut les utiliser à son profit à des fins de séduction mais sans nécessairement y adhérer. Les mensurations corporelles peuvent alors être une façon de persuader l'autre de sa beauté, sans soi-même en être convaincu, ou tout en conservant une distance face aux stéréotypes corporels attendus. Ce travail sur le corps s'alimente de modèles et de canons précis, mais qui n'ont pas totalement effacé les jugements personnels. La beauté n'est pourtant pas qu'affaire de réception subjective du spectateur et il est difficile dans notre société de l'évaluer comme bon nous semble tant elle donne lieu à des formes de reconnaissance instituée et surtout à une production d'images emblématiques (les mannequins dans les magazines de mode féminine et masculine[1]).

1. Ainsi à côté de la traditionnelle presse féminine (*Cosmopolitane, Biba*) s'est récemment développée une presse spécialisée masculine dans le marché des cosmétiques, de la forme et des soins du corps (*Men's Health*). Les connotations homosexuelles des corps présentés en couverture se transforment dans les pages intérieures en une incitation à une « homosocialité », mais cette revue se veut généraliste et vise comme lectorat l'ensemble de la population masculine.

Nous ne sommes pas tous égaux devant cette beauté « normative ». Le constat banal de cette inégalité fondamentale[1] face à cette une ressource majeure, laisse les sociologues dans l'embarras en leur posant un épineux problème d'objectivation. Souvent placés dans un dilemme laissant comme alternative soit une vision où les goûts seraient totalement surdéterminés soit la caricature inverse où ils échapperaient à la modélisation sociale, ils hésitent à se reconnaître dans ses deux positions limites. Du coup, les ressources corporelles d'ordre esthétique sont rarement prises en compte dans leurs analyses, qui évitent le plus souvent cette difficulté. Ne sachant en définitive pas précisément tenir compte[2] de la beauté, activité de classement à laquelle le sens commun n'a pourtant de cesse de se livrer, les sociologues préfèrent le plus souvent faire comme si elle n'avait guère d'importance.

1. ÉVOLUTION CONTEMPORAINE DES NORMES DE BEAUTÉ

Y. Travaillot (1998) repère pourtant dans les trente dernières années trois périodes caractéristiques des manières spécifiques de concevoir la beauté féminine :

Pour l'auteur, la période des années soixante-huit voit apparaître une nouvelle norme esthétique célébrant la femme-enfant qui s'impose en promouvant les images telles que celle du mannequin Twiggy, ou de la chanteuse Jane Birkin. L'idéal de « juvénilisation » donne à la minceur des exigences jamais atteintes. Les bourrelets sont évidemment bannis mais aussi les rondeurs de Maryline Monroe qui enchantaient quelques années auparavant. Cette quête de minceur s'adresse aux jeunes en priorité et, est servie par l'apparition de magazine pour adolescente comme *Mademoiselle âge tendre*, *Vingt ans*, *Jacinthe*, qui participent au conditionnement esthétique pour devenir mince. V. Nahoum-Grappe (1996) explique comment ce modèle

1. D'autant plus importante qu'elle frappe à l'intérieur même des fratries mêmes des familles sans cohérence. De fait, aucune révolution, ni aucune constitution n'a pu abolir cette injustice et restituer aux plus laids des frères un peu du pouvoir que détenaient les plus beaux.
2. Sauf à faire parfaitement correspondre sociologie de la production et de la réception, auquel cas le classement des magazines de mode devient aussi celui du public.

« terroriste » triompha par la promesse de libération faite aux femmes, mais leur imposa en fait des « servitudes » nouvelles. La beauté comme passe partout social interdit en pratique toute une série de conduites comme en premier lieu celle de manger à satiété. L'auteur relève un paradoxe souvent oublié : les années soixante-huit se voulaient « cool », mais en matière de normes esthétiques elles ont été au contraire très exigeantes. Devenir, ou rester mince constitue un véritable harcèlement, un endoctrinement. La minceur constitue à partir de cette période un jugement moral, la grosseur connotant la négligence, le laisser-aller. Inversement, la minceur est synonyme de jeunesse, de finesse, de maîtrise de soi.

Y. Travaillot (1998) suggère que le début des années quatre-vingt nous installe dans une seconde période qui privilégie une conception de la beauté où la musculature devient cruciale.

Un ensemble de revues sur la forme sorte dans ces années-là, consacrant le corps musclé. Le numéro 1 du magazine des femmes sportives *Olympe, le sport au féminin*, paraît en août 1980. Son éditorial s'adresse à la nouvelle femme, « musclée et sportive ». La performance n'est plus une fin en soi, mais constitue surtout un moyen pour atteindre un meilleur état de santé, de forme et de beauté. Même conception du sport dans la revue *Vital*, créée en octobre 1980, où ce dernier n'est qu'un procédé pour se muscler. Le leitmotiv de ces initiatives tient dans le slogan « La forme pas les formes ». Mais l'objectif de conquérir la forme devient un style de vie promu également dans les revues d'hygiène comme *Santé magazine* où sont créées des rubriques consacrées à la forme par le sport. De son côté, *Le Nouveau F* titre en avril 1982 « Séduction, les muscles triomphent ». Suivront les revues *Vogue sport* en 1983 et *Physic* en 1984.

L'apparition sur les grilles des programmes d'Antenne 2, le dimanche matin de l'émission « Gym-tonic » représente une autre transformation majeure des années quatre-vingt. Véronique et Davina vendent plus de 600 000 cassettes de remise en forme, et reçoivent 20 000 lettres de remerciements pour leur émission[1]. Devant ce succès, TF1, à son tour, embauche Marie-Christine Debourse, une ancienne championne de saut en hauteur qui propose une émission similaire mais en faisant valoir son passé compétitif,

1. Source : *Les Cinglés de l'aérobic*, revue *Autrement*, 51, 1983.

elle donne à l'*aérobic* une connotation de « préparation physique généralisée ». Canal Plus, pour essayer de gagner en audience sur le même créneau va se démarquer en confiant son émission « Gym à Gym » à Pierre Paillardy, un garçon dans un monde de femmes.

Autre transformation sensible de cette période : la multiplication des salles de remise en forme qui renouvelle l'offre de pratique sportive . Le corps est dans ces salles le lieu de deux morales contradictoires : « travaille dur et tu seras récompensé », et « viens ici pour t'amuser, tu trouveras des partenaires ». Dans la première, l'effort est la clef du salut laïc de la religion du muscle. Pour s'améliorer il faut souffrir comme le dit le slogan faisant l'éloge de la volonté « no pain no gain » (pas de souffrance pas de gains). Mais en même temps la salle est un lieu de découverte de soi où, dans l'anonymat, l'on tisse des relations de convivialité .

La troisième période commence pour Travaillot au début des années quatre-vingt-dix et est caractérisée par des liens moins intenses entre la forme, la santé et la beauté. Dans les rayons santé et sport des grandes surfaces, les appareils de gym sont moins présents et se retrouvent uniquement dans les magasins de sport. La beauté vaut pour elle-même. La rubrique « forme » de la revue *Votre beauté* disparaît en 1994. Elle se dote à partir de la même année d'une rubrique « Top model » consacrée, comme son nom l'indique, aux modèles féminins et à la cosmétique et non plus à la gymnastique. Au tournant du millénaire, on croit davantage aux produits miracles qu'au footing. La chirurgie esthétique et les implants en silicone gagnent du terrain (on dénombre 30 000 interventions de chirurgie esthétique en France par an). L'hédonisme semble revenu à la mode : pourquoi forcer si on peut changer de silhouette sans le faire ? D'où l'essor également des collants lifting, qui redessinent la silhouette. En parallèle à ces tendances, on assiste à la baisse de la fréquentation des salles de gymnastiques dès le début des années quatre-vingt-dix. La croyance, dans les innovations scientifiques, complète puis remplace, la croyance dans le sport. La nécessité de se prendre en charge n'a pas disparu, mais elle s'est médicalisée. Il s'agit de s'occuper de soi en douceur, sans faire d'autres sacrifices que financiers et sans y consacrer trop de temps.

Dans le cadre de l'alimentation, l'opposition entre le régime draconien et le repas gastronomique devient elle aussi caduque, réfutée par Bocuse, Trois gros ou Guérard qui inventent la cuisine minceur au service du goût. Montaignac écrit ses best-sellers *Je mange donc je maigris* et *Comment maigrir en faisant des repas d'affaire*. Les publicités des années quatre-vingt-dix font l'éloge du light, c'est-à-dire du goût et du plaisir mais sans les kilos (« Poulain Light, véritablement succulent », « Taillefine, c'est immoral je peux m'en gaver sans grossir », « Effi, moi je me régale léger », « Bridel light, tant qu'il y aura du goût »...).

Au terme de cette périodisation, l'entrée d'un seul coup dans l'ère de la minceur à l'orée des années soixante-dix doit cependant être relativisée. En effet, l'auteur présente une rupture si tranchée qu'il se sent en droit de l'asséner comme une vérité qui n'a guère besoin d'être démontré. L'évidence même de cette démarcation entre un avant les années soixante-dix où notre société aurait été « lipophile » et un après, où elle serait devenue subitement « lipophobe » peut-être mise en doute comme le fait C. Fischler en repérant des continuités et des permanences (Fischler, 1987). Selon cet auteur, en effet, la thèse de la réprobation toute contemporaine de l'obésité et de la promotion de la minceur ne résiste pas à une analyse socio-historique. Il détaille alors tous les exercices physiques et les régimes destinés à lutter contre la surcharge pondérale dès le XIXe siècle. Mais ces prescriptions concernent différemment les hommes et les femmes. La grosseur de la corpulence masculine reste longtemps un signe valorisé d'opulence alors que les femmes font déjà l'objet d'incitations à surveiller leur poids excédentaire. Loin d'ignorer la nécessité ou le désir de maigrir on s'oppose déjà à la grosseur. Certes les critères séparant les catégories de « maigreur », « embonpoint » et « grosseur » se sont déplacées et l'auteur remarque qu'il fallait sans doute au milieu du XXe siècle être plus gras qu'aujourd'hui pour être qualifié de « gros » et *a fortiori* « d'obèse ». Mais autre source de relativisation des travaux de Travaillot, les frontières entre obèse, gros, mince et maigre varient aussi pour un même moment selon les cultures. Ainsi, Massara (1984), aux États-Unis a utilisé un test photographique représentant la même personne à des degrés de grosseur différents. La population de cette enquête était composée pour partie d'Américains blancs et protestants et pour partie de Portoricains, enfin une intersection des deux populations avait été aménagée par le chercheur en surepresentant la catégorie professionnelle des médecins chez les uns comme chez les autres. Les résultats montrent que les Portoricains considèrent comme normales des morphologies que les Américains jugent excessives. La variable professionnelle a moins de poids que celle de l'appartenance culturelle car l'auteur souligne que si les médecins américains sont d'une intransigeance supérieure au reste de la population de l'enquête, il n'en va pas de même des médecins Portoricains. Ces derniers n'estiment pas à avoir à signaler comme obèses les corps repérés comme tels par leurs confrères américains.

2. La grosseur comme repoussoir

La grosseur dans notre société constitue un véritable stigmate. Cependant, les jugements portés sur les corps des « gros » varient en fonction des contextes. Ainsi, un gros sera apprécié de manière plus positive s'il fait un usage quasi professionnel de sa corpulence (le déménageur) ou si on est amené à penser que son embonpoint est une conséquence de son investissement professionnel (le chef cuisinier). De même, il devra correspondre aux traits de personnalité attendus (le bon gros jovial). Inversement, la critique s'exacerbe si l'activité du « gros » est un métier où la surcharge pondérale constitue un handicap supposé (garçon de café) ou réel (jockey). Les jugements dépréciateurs construits sur l'apparence du gros ne dépendent pas uniquement d'un jugement esthétique épuré mais repose aussi sur un soubassement moral. Ainsi, le gros semble enfreindre la règle du partage nécessaire à une forme juste du lien social. Le gros qui accapare la nourriture, l'engloutit et mange « plus que sa part » représente un inacceptable débiteur. Résurgence des inquiétudes provenant des périodes d'incertitude alimentaire, la logique voulant que quiconque mange plus qu'autrui lui nuit, reste ancrée dans nos représentations contemporaines.

À un niveau politique, dans les multiples métaphores utilisant la grosseur et la maigreur, le gros (l'exploiteur) affame le maigre (l'exploité) et pire encore se nourrit de lui. Les images répétées sur les affiches des militants anti-mondialisation offrent un bon exemple de ce passage imaginaire de la gloutonnerie au vampirisme. On peut y voir les riches pays occidentaux du Nord se nourrir des pays pauvres et efflanqués du Sud. À travers l'image du corps gros masculin ce sont donc aussi les questions du partage de la richesse et du pouvoir qui sont en jeu.

À un niveau plus individuel, le gros est accusé ou au moins soupçonné de manquer de « contrôle de soi ». Dans une société où triomphe individualisme, autonomie et authenticité ce dont témoigne le corps, ce n'est plus tant du pouvoir social[1] que de la maîtrise de soi. Le corps du gros lui échappe. Or travailler son apparence revient d'abord à se posséder, à contenir ses instincts, à avoir un corps qui obéit. Le contrôle de l'appétit incarne un idéal inaccessible entraînant des troubles du comportement individuel souvent abordés sous l'angle médical et psychologique mais dont l'analyse s'enrichit aujourd'hui de grilles de lecture plus sociologique.

Ainsi refusant le « Yalta épistémologique » situant l'anorexie mentale dans les territoires réservés de la psychologie et de la psychopathologie M. Darmon développe, en sociologue, l'analyse de l'activité des jeunes filles anorexiques en essayant de répondre dans un premier temps à la question « que font-elles ? », ne cherchant que dans un second temps à les caractériser par leur appartenance sociale[2]. En référence aux travaux de H. Becker (1985), elle décrit les différentes étapes de la « carrière » de l'anorexique, de l'engagement jusqu'à la sortie. La question de l'apparition du comportement est moins celle de sa datation que celle de sa définition. Que sépare un régime sévère d'une anorexie ? M. Darmon repère trois modalités d'entrée dans la carrière. Celle-ci peut effectivement débuter par un régime et d'une manière d'autant plus insidieuse que le prescripteur est légitime (le médecin) ou que les « accompagnateurs » qui s'astreignent aux mêmes contraintes se trouvent à l'intérieur même de la famille. Pour les filles dans ce cas de figure, dans un premier temps, les restrictions n'ont rien de secret, les acteurs professionnels ou profanes aident même à l'acquisition des techniques et des savoirs nécessaires à l'amaigrissement. Dans une seconde modalité, la perte de poids précède le régime, une perturbation des habitudes alimentaires (hospitalisation, voyage à l'étranger, stage sportif) conduit à maigrir aisément et déclenche ensuite un comportement d'engagement dans l'anorexie. Enfin, une troisième manière de commencer consiste à ne pas faire seulement un régime. Le régime alimentaire s'inscrit dans toute une

1. On associe plus à titre individuel comme on le fait encore au niveau politique d'état à état, rondeur et prospérité ; de même l'enbompoint n'a plus rien d'un signe de respectabilité.
2. Là encore, il s'agit de rompre avec la vision traditionnelle de la sociologie comme science d'appoint qui, jugée impuissante à décrire les processus ne serait invitée qu'à ne se préoccuper que du contexte social dans lequel seraient les malades.

série de changements simultanés allant des pratiques vestimentaires jusqu'aux habitudes de travail.

Dans tous les cas l'auto-contrainte du régime, note l'auteur, correspond à une volonté de se « prendre en main » voire de se « re-prendre en main ». Les jeunes filles interrogées peuvent pourtant aller jusqu'à disqualifier « les grandes blondes qui ne font attention qu'à leur apparence », mais cette distance critique s'accompagne paradoxalement d'une soumission aux normes esthétiques en vigueur. Une fois la phase de l'engagement passé il faut ensuite continuer, c'est-à-dire réussir à tenir les restrictions dans le temps. Dans cette seconde période, la rationalisation des techniques et l'attention portée aux différentes formes d'évaluation de la démarche sont cruciales. Le travail permanent de calculs caloriques, les pesages réguliers, les essais vestimentaires jouent comme des instruments de contrôles et d'encouragement. L'ensemble des techniques qui visent à régler la vie, à l'installer dans des habitudes rende la prolongation du processus d'amaigrissement moins coûteux. Cette période est aussi celle où s'affinent les sensations liées aux effets du régime comme celle d'euphorie, de légèreté, d'impression de se sentir forte, qui toutes concourent au goût pour la maigreur.

Mais « continuer » devient plus difficile quand il faut maintenir l'engagement malgré les alertes et la surveillance. Le lanceur d'alerte agit sous le coup de l'inquiétude provoquée soit par la visibilité de l'amaigrissement, soit par des troubles associés (faiblesse, chute…). L'anorexique entre alors dans le circuit des professionnels. Ces agents tiennent un triple rôle, d'imposition des normes, d'étiquetage et de surveillance. Mais en même temps que croît le nombre de spécialistes concernés augmente corrélativement le nombre de comportements susceptibles d'être jugés inquiétants[1]. Prise dans un réseau de plus en plus dense de surveillance, la jeune fille est amenée à faire preuve de ruses allant jusqu'aux mensonges et aux leurres pour continuer son activité anorexique.

L'auteur repère ensuite la phase de la prise en charge par l'institution médicale. Celle-ci revendique la prise de contrôle du corps de l'anorexique, notamment dans les cas d'extrêmes faiblesses où s'impose la réalimentation par voie intraveineuse ou gastrique. Accepter, cette prise en charge entraîne

1. Même le travail scolaire, activité pourtant d'ordinaire valorisée, peut être jugé à travers une grille de lecture médicale comme une « suractivité scolaire ».

une remise en question de l'identité qui consiste d'une part à se reconnaître anorexique, d'autre part à y voir une pathologie et donc « vouloir en sortir ». La guérison donne lieu à deux définitions en fonction de ses effets sur l'identité. La maladie peut être considérée soit comme une parenthèse, une défaillance passagère, et guérir consiste alors à revenir à l'identité antérieure. Mais le passage par l'anorexie, peut également permettre de devenir ce qu'on n'était pas : la sortie de la carrière bâtie une identité plus en rupture qu'en continuité.

Après l'étude de la carrière, l'auteur va situer ces filles dans l'espace social. Ce travail de positionnement *a posteriori* permet de ne pas voir dans les qualifications des agents l'*alpha* et l'*omega* de l'explication sociologique. Ces filles appartiennent à des groupes sociaux visant une transformation de l'identité vers le haut, par un travail volontariste et acharné tant du point de vue du corps que de la culture (scolaire). La recherche de l'état de grâce qui consiste à se sentir aérienne physiquement et brillante intellectuellement n'a guère de limite car on n'est jamais assez légère ni assez intelligente. La restriction alimentaire témoigne donc d'un ethos ascétique (Turner, 1996) visant à utiliser son corps comme capital de distinction et d'exceptionalité sociale. Travail de soi, plus que simple travail sur soi, l'anorexie met donc en avant la transformation (ou la confirmation) de l'identité antérieure.

3. Le corps dénudé : des principes esthétiques aux principes moraux

En été, le corps déshabillé passe pour un corps libéré mais il s'agit en réalité d'une « libération » relative et réglementée. En effet, d'une société à l'autre, les frontières de la pudeur se déplacent et on n'offre pas ici ou là au regard public les mêmes parties de son corps. Alors que le port du string est considéré comme osé en France, montrer ses fesses n'aura pas la même hardiesse érotique au Brésil. La beauté sur la plage mêle plaisir, désir et esthétique. Elle s'éprouve dans les différents regards (concupiscents, envieux, indulgents, réprobateurs…) que suscite le corps. La plage donne donc lieu à une tolérance équivoque où « la bouche proclame la liberté qu'à chacun de faire comme il l'entend, alors que les yeux sanctionnent » (Kaufmann, 1995 : 209). Plus qu'ailleurs sur la plage, le corps est regardé, tout un chacun pouvant tenir le double rôle de spectacle et de spectateur. Difficile donc d'affirmer comme le suggère le titre de l'ouvrage que J.-C. Kaufmann consacre aux seins nus sur les plages (*Corps de femmes, regards d'hommes*) qu'il existe une stricte séparation des rôles[1]. Sur la plage contrairement au musée ou à la galerie d'art ceux qui exposent leur corps et ceux qui les jugent sont les mêmes.

L'extrême banalisation des seins nus tend à faire inscrire la pratique du monokini au rang des acquis des années soixante dix au profit de la « libération » du corps. Pour l'auteur, l'abaissement des frontières de la pudeur n'a pas toujours la même signification : pour les mères de famille, frappées d'indisponibilité sexuelle, il correspond uniquement à une transposition en public des habitudes privées, alors que pour les femmes seules ou les adolescentes, il peut aussi servir d'appel à la rencontre. Mais, il s'agit d'éviter un contresens portant sur le processus de civilisation ; cette pratique n'est ni le signe d'une société sans contrainte ni celui de l'affaiblissement de l'auto-contrôle. En effet, l'auteur montre que la liberté revendiquée implique de strictes manières de faire à respecter.

Une triple rupture pourtant s'affirme : d'une part, c'est la femme, et elle seule qui décide de « faire du monokini » ou non, d'autre part, la perfection des traits suppose moins celle des vertus, enfin, les normes de conduites interdisant de regarder les seins font place chez les hommes à des morales personnelles minimisant la faute. Dans ce déplacement des normes, la femme a gagné en autonomie et la beauté du corps en indépendance. Dans l'échantillon humain étudié par Kaufmann, maris ou compagnons se retrouvent très majoritairement, en parlant de la pratique de leur conjointe, dans l'idée que « c'est son corps, elle en fait ce qu'elle en veut ». Le principe de propriété[2] ne laisse guère de place à la discussion. En outre, la convergence

1. D'où sans doute aussi une certaine artificialité dans le clivage entre une sociologie de la réception qui cherche à qualifier les jugements esthétiques à travers des critères d'âge, de sexe et les propriétés sociales des « regardeurs » et une sociologie de la production des goûts.
2. Cette vision moderne de la propriété de la femme sur son propre corps va aujourd'hui de soi, mais les travaux historiques de Georges Vigarello sur le corps rappellent que jusqu'au XVIIIe siècle le viol s'appelait « rapt en violence » et était considéré avant tout comme une atteinte aux biens soit du père soit du mari propriétaires qui étaient considérés comme les premières victimes. Ce n'est que progressivement au cours du XIXe siècle que la conscience juridique va se transformer.

du beau et du bien n'a pas totalement disparu, mais les dernières résistances à la propagation généralisée des seins nus renvoient à un jugement esthétique érigé en normes morales. La limite du montrable n'est plus celle d'un puritanisme désuet mais celle d'une esthétique terroriste. La faute n'est plus dans la conduite mais dans l'écart aux normes morphologiques. Nous nous réjouissons d'autant plus de notre liberté de mœurs que la femme regardée est jeune et belle, pour peu qu'elle soit vieille et moins jolie ressurgissent des accusations comme « il faut savoir s'arrêter », « certaines exagèrent à jouer les éternelles gamines » (Kaufmann, 1995 : 97). Les seins nus avivent donc aussi la perception du vieillissement et de ce qu'il interdit. L'âge est un facteur déterminant d'arrêt de cette pratique. Les corps vieux ou difformes attirent l'attention comme des contre-modèles : leur stigmatisation est une manière de rendre hommage aux canons de beauté dont ils s'éloignent. La célébration du beau a besoin de différences honteuses, de corps épouvantails. Si pour la femme sûre de sa beauté, l'insistance des regards n'est pas interprétée comme une incitation à se rhabiller mais comme un hommage admiratif, inversement pour la femme ayant une faible estime esthétique de soi, les regards risquent fort d'être perçus comme réprobateurs.

La traditionnelle compétition sociale en vacances visant à sortir victorieux de la comparaison des bronzages n'a pas disparu, mais s'est complexifiée. Il ne suffit plus de tendre son avant-bras et de le placer à côté de celui de sa voisine pour se mesurer à elle. Toutes les parties du corps entrent en jeu dans l'évaluation. Il convient d'éviter « les vilaines marques blanches » des traces laissées par le maillot. Pour dénouer la contradiction entre les alertes face aux risques médicaux de l'exposition des seins et le souci esthétique visant à la prolonger, le choix des crèmes solaires - suffisamment protectrices en début de séjour, suffisamment bronzantes en fin - devient essentiel. Mais s'enduire abondamment de crème (« se badigeonner ») suppose quand le traitement concerne les seins discrétion et rapidité. Pour désamorcer le potentiel érotique de la situation, le rituel exige brièveté et détermination. Les mouvements eux-mêmes oscillent entre les bornes d'une double contrainte, trop énergiques ils peuvent entraîner des ballottements prohibés, trop lents ils peuvent par équivoque paraître lascif.

Kaufmann offre une grille de lecture de la pratique des seins nus porteuse de trois perspectives : celle de la banalisation source d'invisibilité (« si tout le monde le fait ça ne se remarque plus »), celle de la sexualisation, attitude prêtée par les femmes aux hommes, en particulier d'un certain âge (« les pépés lubriques[1] »), l'esthétisme, la recherche du beau étant une manière de recycler la pulsion sexuelle en émotion esthétique (l'homme ne serait plus dans la position du concupiscent mais de l'esthète).

Dans tous les cas, avoir les seins nus ne correspond pas à une liberté sans contre-partie : il convient de choisir son emplacement et de contrôler ses attitudes. En arrivant sur la plage, les femmes repèrent donc la zone favorable, celle où la proportion de seins nus est la plus importante (ce qui diminue la pression normative au port du maillot). Elles doivent ensuite choisir la distance de leur emplacement par rapport à la mer. S'installer en bordure du rivage offre l'avantage de raccourcir la durée du trajet pour aller se baigner et (donc le temps où l'on s'offre debout au regard) mais présente également un inconvénient, celui de se placer directement sous l'œil de certains hommes qui arpentent la plage le long de l'eau. L'aisance corporelle se lit dès le geste initial qui consiste à ôter son tee-shirt, enlever son haut de maillot ou dégrafer son soutien gorge. La décontraction n'est pas synonyme d'abandon et implique la discrétion. D'où l'empressement plus ou moins marqué pour adopter la position allongée à plat sur le sol en bonne partie parce que les seins sont alors moins visibles et surtout moins mobiles. Une fois debout au contraire ils prennent du volume.

Pour celles qui se risquent à pratiquer une activité physique en monokini (fresbee, volley-ball) les seins nus doivent bénéficier d'une sorte de dérogation accordés soit par des critères esthétiques (redoublé partiellement par des critères d'âge) et par la maîtrise technique de l'activité. Avec leur augmentation de taille, les seins attirent immanquablement le regard. Là encore la norme esthétique sert le jugement moral. Le monokini pour les gros seins mobiles et rebelles à la banalisation est condamné dans la mesure où il met en avant le corps sexuel que les usages de la plage veulent refouler. La captation du regard est d'autant plus considérable que les seins sortent des normes morphologiques. Se pose alors la question du statut du sein siliconé. Ils peuvent être dénoncés selon trois arguments : d'une part comme un artifice,

1. L'étude de Kaufmann souffre cependant d'un manque de symétrisation. Il n'aurait pas manqué d'intérêt d'écouter les justifications des dits « pépés lubriques » comme celle du retournement voulant que ce soient les seins qui attirent les regards, ce sont eux qui appellent en quelque sorte le spectateur et non celui-ci qui viole une intimité.

ensuite comme une impudeur, enfin d'un point de vue esthétique. Comme artifices, ils sont sanctionnés comme un mensonge qui revient à faire croire en une illusion. Leur statut est proche de celui de la retouche en photographie, le désir d'idéaliser l'apparence l'emporte sur tout autre souci. Or la liberté gagnée par le retrait du maillot puise ses justifications dans la symbiose du corps et de la nature, s'il s'agit d'exposer un artifice l'expérience ne tient plus. Du coup, la frontière ne passe plus uniquement entre celles qui gardent leurs maillots et celles qui l'enlèvent mais entre celles qui peuvent se dire authentiques et celles qui ne le peuvent pas. Comme impudeur, les seins siliconés entrent dans la catégorie des gros seins affriolants (même si leur fermeté annihile les critiques sur la mobilité). Comme manque de goût, ils sont jugés le plus souvent par des femmes « pas beaux », « vilains », pas uniquement « gros » mais encore « énormes », « monstrueux ». Alors qu'ils sont énoncés sur un ton critique de tels qualificatifs renvoient le plus souvent par leur démesure à la certitude pour les garçons « qu'avec une telle poitrine il y a de quoi faire ». Il n'est pas question d'esthétique pure hors de son contexte. Aussi, s'interpose entre les femmes qui s'adonnent à la mammoplastie et la communauté des regards masculins la médiation des images des stars incontournables sur les écrans et dans les magazines comme Vanessa Demouy, Ophélie Winter, Pamela anderson, Adriana Karembeu ou encore Loana de *Loft story.* Cette chirurgie esthétique trouve souvent sa justification dans un devoir de séduction. L'effort financier ainsi que la douleur acceptée sont souvent consentis pour un autre, il s'agit d'un sacrifice amoureux ou dans l'attente de l'amour. La chirurgie mamoplasmique[1] tout en apportant la certitude d'être conforme aux modèles en vogue peut être décriée au nom

1. La période pionnière de cette chirurgie date des années quarante à cinquante et fut marquée par les prélèvements de graisse dans les fesses pour les réinjecter dans les seins. Puis les années cinquante à soixante furent celles des injections de paraffine. Cette méthode avait comme plus sérieux obstacle la migration du produit. À partir des années soixante, la troisième période fut dominée par l'engouement pour les prothèses en silicone. Mais, soupçonnées de favoriser l'apparition de maladies auto-immunes comme la polyarthrite ou la sclérose, elles furent interdites dans les années quatre-vingt et furent remplacées par des poches de sérum physiologique. Enfin depuis janvier 2001, l'interdiction est levée en France et les implants en silicone font un retour en force dans les services de chirurgie esthétique.

de la soumission aux désirs masculins[1]. Cependant, l'attrait pour les poitrines opulentes et leur charme arrondi renvoie aussi par-delà l'échange amoureux à une facette des interactions entre générations. La différence des sexes ne peut se penser sans la différence entre générations.

Pour répondre à la question soulevée par le passage en une génération de la recherche de l'androgynie à son inverse (l'exaltation des différences corporelles), Duret (1999) montre que pour les jeunes qui vivent globalement de plus en plus longtemps sous le toit parental, le corps devient une des rares ressources personnelles pour se différencier. Ne s'octroyant pas la possibilité de le faire en accédant à l'autonomie par la décohabitation du milieu familial, ils s'appliquent à cultiver leur singularité en accentuant la dissemblance corporelle. Les parents se voulaient androgynes, les enfants tendront à s'éloigner de ce modèle quitte à se rapprocher d'anciens imposant l'idée que les fonctions « naturalisées » de chaque sexe conditionneraient leur morphologie. Le volume des seins à ce titre contribue de manière majeure au modelage de la nouvelle silhouette féminine.

4. Le culturisme féminin et le dopage : jusqu'où aller pour être belle ?

Les culturistes adoptent des normes de beauté qui leur sont propres. Pour répondre à des exigences toujours plus extrêmes s'engage aujourd'hui une course au gain de masse musculaire. Cette surenchère concerne aussi bien les culturistes masculins que féminins. Le groupe en body-building tout à la fois renforce l'identité de ses membres en portant sur eux un regard gratifiant et en même temps menace leur autonomie en déterminant des normes esthétiques et normes de conduites très strictes. Le ou la culturiste est d'autant plus exposé à cette « pression normative » que la salle représente tout son univers relationnel.

La reconnaissance interne de la petite communauté de pratiquants se paie donc très cher car l'admiration qu'elle accorde ne coïncide jamais avec la réprobation du grand public. Même champion (ne) de France ou d'Europe, les culturistes restent des inconnus et lorsqu'on les reconnaît c'est moins pour

1. Plaire pour ce que l'on est ou plaire pour ce que l'on a (une belle paire de seins) est une manière de réactualiser, le vieux débat sur avoir ou être en le centrant sur le corps.

la beauté idéale qu'ils recherchent que comme des femmes hors norme (Roussel, Griffet : 2000). Du coup, il convient d'accorder une importance particulière aux arguments « internes » qui permettent à ces femmes et à ces hommes de transformer le stigmate en emblème et de valoriser une activité pourtant discréditée. Il faut également se demander comment certaines culturistes sportives de haut niveau résistent à l'incitation au dopage (garantie d'acquisition de masse musculaire) et tentent d'imposer, quitte à se voir écartées des podiums, une autre conception de la beauté. Le refus répété de suivre une consigne latente comme celle de se doper redouble pourtant les chances qu'à le ou la pratiquante d'être doublement exclu (par les profanes et par les pairs). Certaines femmes culturistes n'hésitent pas à dénoncer le muscle dopé comme du « tape à l'œil » juste là pour satisfaire aux critères des organisateurs de concours et non à une véritable esthétique[1]. Mais parvenir à se défaire de l'emprise qu'a le groupe sur les corps est pour elle un travail très lourd. Dans une étude à partir des récits de vie de femmes culturistes P. Duret (2001) analyse d'une part les processus argumentaires qui neutralisent ou annihilent le sens critique des personnes prises sous le joug de l'emprise et d'autre part comment certaines parviennent à desserrer cet étau.

L'emprise repose sur des prises affective et identitaire qui à l'intérieur du groupe font tenir le rôle d'empreneur à tout un chacun pour l'autre. On peut être soi-même sous l'emprise du groupe et contribuer à jouer ce rôle pour les autres. Chez les culturistes, on ne peut guère viser la perfection corporelle sans se doper ; le dopage repose sur des arguments rationnels (faciliter la prise de masse musculaire, diminuer les périodes astreignantes de régimes, accélérer la « sèche »[2]) et affectifs. En effet, l'empreneur fait jouer à son profit la culpabilité, la dette et l'impératif de justification. Se défaire de la norme du groupe est présenté comme une trahison, faute d'autant plus grave que la culturiste est entretenue dans l'idée qu'elle lui doit tout. L'impératif

1. La beauté en body-building repose sur une dualité de critères : les uns sportifs strictement codifiés et les autres artistiques. Du coup, la discipline semble condamnée à osciller perpétuellement entre l'appréciation artistique des plus subjectives et la codification des formes et de propriétés du corps possédées ou non. Le versant artistique suppose les libres arbitres de celui qui expose son corps et de celui qui le regarde sur le versant sportif, le corps est déchiffré à partir de repères rigoureusement établis et partagé (volume musculaire, striation des muscles, équilibre entre le haut et le bas du corps).
2. C'est-à-dire le dessin musculaire et l'aspect « écorché » par diminution des graisses.

de justification est retourné, ce ne sont plus les sportifs suspectés de dopage qui ont à se justifier mais ceux qui n'y ont pas recours[1]. Comment alors montrer que la fidélité à soi l'emporte sur la fidélité au groupe sans renier pour autant ce en quoi le groupe vous a constitué ?

On a repéré plusieurs opérations de distanciation, de dégagement et de relativisation adoptées par ces femmes :

– montrer qu'on a prise ailleurs : cela revient à refuser une identité unidimensionnelle définie exclusivement par le milieu culturiste. Adoptant la même démarche que celle repéré par F. de Singly dans *Le soi le couple la famille*[2], elles cherchent à rendre visible qu'elles sont toujours quelqu'un d'autre que leur rôle assigné au club (une reprend les études et amène ses cours à la salle, l'autre a un enfant, l'amène également avec elle et se fait tatouer un ourson sur l'épaule). En exposant aux autres culturistes les différentes facettes de leur identité ces femmes affichent un soi capable de traverser plusieurs univers sociaux dont chacun joue comme source d'autonomie par rapport aux autres. Montrer qu'on a prise ailleurs c'est en outre toujours laisser entr'ouverte la porte d'une reconversion identitaire. La menace de lâcher prise est efficace tant il est vrai que l'emprise sur quelqu'un ne tient que dans la mesure où celui-ci donne prise en retour ; le groupe relâche alors sa pression et ne renonce à imposer ses contraintes corporelles de peur que mettant en œuvre son avertissement, la culturiste n'aille voir ailleurs ;

– ne pas donner prise (à la critique) : revient à ne pas suggérer la moindre mollesse, faiblesse, ou douilletterie à l'entraînement. Les femmes interrogées qui refusent le dopage se définissent en « battantes » qui en font « au moins autant que les autres » et qui réussissent même « à tirer les autres ». Il s'agit pour elles de montrer d'une part, que la fidélité à soi n'est pas incompatible avec la fidélité au groupe et que d'autre part, elles n'ont pas besoin de dopage ;

1. Le retournement de l'impératif montre à quel point se justifier c'est toujours générer du pouvoir chez l'autre. C'est parce qu'elle est essentiellement affective que dans une sorte de chantage à l'identité l'emprise amène à donner plus que parfois les culturistes ne le voudraient et même parfois au-delà de toute mesure. L'emprise est réussie quand chercher à s'en défaire donne l'impression de commettre une faute vis-à-vis de sa propre morale.

2. Voir en particulier chapitre deux : la socialisation conjugale de l'identité professionnelle.

– quand le mari est aussi le partenaire d'entraînement ou l'entraîneur, dans une stratégie repérée là encore par F. de Singly (2000), elles refusent la figure du Pygmalion façonnant Galatée. Il s'agit de se dégager de l'emprise et de la culpabilité du refus en montrant au partenaire qu'il la façonne plus pour exister lui-même que pour l'épanouir elle. La culturiste relativise l'aide apportée qui devient moins synonyme de générosité que de recherche d'un succès par procuration. Il s'agit de lui demander de ne plus la voir seulement comme culturiste, en somme d'être plus mari et moins « entraîneur ». Le sentiment de son identité de couple ne passe plus seulement par la recherche commune d'une belle plastique. Myriam, par exemple, tient certes à une confirmation de son identité culturiste : « C'est sûr, il aimait mes muscles, ça lui plaisait, il me préférait bien dessinée qu'un peu grassouillette » dit-elle. Mais apprécier qu'on la trouve belle ne veut pas dire qu'elle accepte d'être modelée. Les attentes envers le partenaire évoluent : ce qui faisait sa force, par exemple le soutien dans les contraintes qu'imposaient au quotidien le projet sportif (« c'est plus facile de résister à deux quand on fait un régime et qu'on salive devant une publicité pour Bounty à la télé ») devient source de critique (« Il ne me voit que comme une culturiste, ses cadeaux ce sont des boîtes de protéines, merci super ! même avec des bougies c'est pas vraiment romantique »). Le conjoint menace alors l'identité de sa femme qui n'est plus que sa coéquipière : « Même loin des concours on ne prend pas de pâtisserie le dimanche matin ; je ne me sentais pas libre de le faire, si je l'avais fait j'aurais eu droit à une remarque, pour manger un croissant c'était toute une aventure ». L'inconstance alimentaire vécue sur le mode de l'infidélité conjugale suppose la dissimulation, le mensonge pour se préserver une aire de liberté ;

– enfin, quand le leader ou l'entraîneur où la figure charismatique du groupe des *body-builders* confirmés dispense des séances d'entraînement à la salle pour des débutants, qu'il s'agisse de musculation, de *stretching* ou de *low-impact*, il peut être amené face à ses clients novices à moduler son discours au sujet des normes de beauté et du dopage. La culturiste mise en cause pour son refus de se doper peut retourner l'accusation en présentant le double discours de l'entraîneur comme une rupture d'authenticité[1]. Donc ce

1. L'accusation de dédoublement et d'inauthenticité est dans cette sous-culture qui repose sur un investissement total, la pire critique qui puisse être proféré, elle ne concerne pas qu'une réduction de la grandeur (« vous voyez il n'est pas aussi grand qu'il paraît »), elle vise une réfutation de l'autre, « il n'est pas celui qu'il semble être »,

qui faisait sa grandeur et sa force, le fait d'être un culturiste se situant selon la formule nietzschéenne en quelque sorte au-delà du bien et du mal ne tient plus. La création et le modelage de son corps n'accordent une marge d'autonomie par rapport à la morale sportive que si on s'y engage tout entier. En effet, seule l'authenticité justifie et même valorise la transgression constituée par la prise de produits anabolisants[1].

Les corps des culturistes comme, finalement, ceux des anorexiques peuvent être défini comme des outils privilégiés du travail de soi. Ils soulèvent et tout à la fois répondent à un ensemble de questions identitaires ;

– d'abord, celle de la continuité ou de la rupture dans la construction de soi. Est-ce que devenir culturiste consiste pour ces filles à devenir ce qu'elles étaient déjà en germe ? (auquel cas le changement d'apparence fait simplement remonter à la surface du corps, au visible de l'être, une identité déjà présente en soi) ou au contraire deviennent elle ce qu'elles n'étaient pas (auquel cas il s'agit plus que d'une révélation) ;

– ensuite, celle des moyens mobilisables pour affirmer une identité menacée. La musculation comme le régime peuvent être des activités de réparation, il s'agit alors de ce construire par se qu'on fait, c'est-à-dire de transformer son activité en identité.

– celle aussi de « la montée en singularité »[2]. Il ne s'agit pas seulement de faire un régime ou de faire de la musculation mais d'être la plus mince, ou la plus musclée, dans les deux cas d'être exceptionnelle, d'être la seule. Mais pour ne pas se laisser emporter par le vertige de la grâce, de la légèreté ou de la force qui semble être donnée à soi seulement,

il faut savoir prendre en compte les critères de reconnaissance publique. Du coup, le décalage entre le jugement que ces filles portent sur elles et celui que les autres leur renvoient a toutes les chances d'ouvrir une crise identitaire comme dans toutes les situations où le sentiment de ce que l'on est ne correspond pas avec l'image qu'autrui nous renvoie. La cohérence identitaire (« être soi-même ») revient soit à revendiquer activement ces écarts soit à chercher à les réduire.

1. Une condition première de l'authenticité tient dans la continuité entre actes et paroles, entre ce qu'on dit et ce qu'on fait.
2. Telle que l'a décrite Heinich N. dans *L'Épreuve de la grandeur,* La Découverte, 1999.

CORPS, IDENTITÉS SEXUÉES ET CONSTRUCTION DES GENRES

Comment le corps joue-t-il dans la construction de l'identité de genre ? Devenir un homme ou une femme ne peut être envisagée uniquement sous l'angle de la différenciation biologique mais nécessite de l'être aussi sous celui de la construction sociale du genre. « Le masculin » tout comme « le féminin » sont des constructions sociales. On peut ajouter d'un point de vue constructiviste que les différences biologiques sont elles-mêmes socialement construites avant d'êtres investies. Loin de naturaliser les sexes les chercheurs, en particulier, américains et canadiens (Maccoby et Jacklin, 1987) plus que les français se sont intéressés à cette question et ont pris l'habitude de différencier l'identité sexuée (être de sexe masculin ou féminin), l'identité de genre (les représentations de soi à travers des catégories d'actions définies comme l'apanage des hommes ou des femmes), et l'identité sexuelle (les représentations de soi à travers les pratiques mais aussi les fantasmes sexuels). La féminisation ou la masculinisation des corps des deux sexes renvoient en miroir à l'évolution des valeurs de notre société. Pour autant il convient, comme l'a noté de F. de Singly (1993), de se méfier de l'expression « féminisation » de la société qui peut signifier soit un alignement général sur les valeurs féminines (quand, par exemple, les hommes utilisent des produits de beauté) ou alignement sur les valeurs masculines (quand, autre exemple, les femmes entrent en masse dans des secteurs dont elles étaient antérieurement exclues).

1. Le corps et l'identité masculine

Des modèles univoques ont longtemps servi de repères facilitant la construction des identités masculines et féminines. Aujourd'hui, ce n'est plus le cas. Le trouble identitaire dans la construction de l'identité masculine provient de la profusion de modèles contradictoires. Quand dans une même actualité cohabitent des figures de stars célébrant l'androgynie (Léonardo di Caprio, Mickael Jackson) avec d'autres symbolisant la virilité triomphante (Bruce Willis, Eric Cantona), les choix identificatoires sont plus délicats qu'aux temps où John Wayne et Lino Ventura offraient des images concordantes de ce que devait être un homme. Dans un travail d'enquête Duret (1999) montre que s'il n'y a pas de consensus sur l'appréciation de la virilité, les attributs physiques qui la caractérisent sont assez homogènes. Il s'agissait de demander auprès d'un échantillon de 1511 jeunes âgés de 17 à 23 ans (comportant 750 filles et 761 garçons) de citer trois attributs physiques de la virilité. D'un point de vue de ces simples indicateurs corporels, les garçons ont des représentations plus concordantes que les filles, puisque les dix critères qu'ils citent le plus fréquemment regroupent 98 % de leurs réponses (contre 68 % chez les filles). Pour les garçons le muscle, la masse et la force sont les signes, les indices les plus importants qui à eux seuls rassemblent 44 % des réponses.

Attributs physiques associés à la virilité par les garçons	**Nombre d'occurrences**	**Attributs physiques associés à la virilité par les filles**	**Nombre d'occurrences**
Musclé	403	Stature	276
Fort	311	Grande taille	257
Massif	293	Regard	198
Puissant sexuellement	267	Fort	182
Dur au mal	210	Musclé	169
Poilu	180	Fait adulte	153
Gros sexe	165	Massif	102
Endurant	151	Mâchoires carrées	81
Impressionnant	143	Puissance sexuelle	69
Grande taille	114	Grosses mains, grands pieds	45

Les résultats de l'enquête montrent que les filles distinguent trois types de corps virils. Les virils qui font peurs, les virils qui rassurent et ceux qui cumulent beauté et virilité. Les virils qui font peur sont caractérisés par des cicatrices (interprétées comme signes de violence). Les poils ont un statut ambigu, soit considérés comme un effrayant signe d'animalité (« il a tellement de poils qu'on devrait le mettre en cage »), soit au contraire qu'ils renvoient au monde de l'enfance et aux peluches (« mon chéri c'est un vrai nounours »). Mais les filles réussissent plus aisément que les garçons à détacher la virilité des critères corporels. Pour elles il s'agit d'abord d'une question de caractère. Globalement, pour les garçons, au contraire, on ne peut guère prétendre être viril sans avoir un corps à même de se faire respecter. Les fonctions du corps viril sont nettement différenciées en fonction des groupes sociaux (voir chapitre 1). Pour les jeunes d'origines populaires, le muscle recherché est le muscle utile qui s'oppose à la pure apparence. Sans systématiquement abandonner les stéréotypes du corps viril, les jeunes de milieux plus favorisés trouvent d'autres terrains d'expression de leur virilité que celui de l'affrontement physique privilégié dans les groupes populaires.

2. Le corps dans la construction de la vie à deux

Le corps entre en jeu de manière complexe aux différentes étapes de la vie de couple. Dès le choix du conjoint, l'élection réciproque se veut une émancipation des normes sociales et du poids des apparences (« on s'est reconnu par-delà les apparences ») mais fonctionne comme leur confirmation (Bozon, 1991). Dès qu'elles s'établissent, les relations sexuelles valent elles aussi par leur complexité. D'une part, « faire l'amour », comme l'indique l'expression, est un moment de construction de la relation. D'autre part, c'est pour chaque « partenaire » un temps de découverte de soi. Enfin, l'expérience comporte potentiellement le risque d'appropriation de son corps par l'autre si le consentement n'est pas sans réserve ou pire si le refus est outrepassé. À ce titre, le corps exerce une emprise contradictoire dans les débats féministes ; il est à la fois source d'attrait et de méfiance.

D'attrait parce qu'il ouvre la porte d'une critique virulente face à la violence subie par les femmes ; il est en effet le lieu d'inscription de cette violence, le lieu de la dépossession des femmes comme sujet. Elles vont donc refuser d'être considérées comme des objets que l'on peut posséder. L'histoire du viol (Vigarello, 1998) témoigne de cette lente évolution. « Rapt en violence » le viol est surtout, jusqu'au XVIIIe siècle, une atteinte portée à la propriété du mari ou du père. Très progressivement, la femme va tenir le rôle de victime, mais ce n'est que lorsque le mari lui-même peut être sanctionné avec l'apparition récente de la catégorie juridique de « viol conjugal »[1] qu'est reconnu le droit de la femme à disposer de son corps.

De méfiance parce que le corps représente le dernier bastion d'où il est difficile d'extirper le naturalisme toujours là pour réaffirmer l'existence d'une « condition féminine » anhistorique et essentialisée.

Les mouvements féministes très actifs dans les années soixante-dix ont avant tout remis en cause les pouvoirs de contrôle, de l'état, des corporations médicales, des autorités religieuses, et des chefs de famille qui privaient les principales intéressées du droit à disposer de leur corps. Leur action visait d'abord la maîtrise de la sexualité et la « libération » sexuelle. Avec la contraception et l'interruption volontaire de grossesse, il s'agissait pour les femmes non seulement d'avoir des enfants quand elle le voulait mais aussi de faire l'amour plus « librement ». Les enquêtes nationales sur les pratiques sexuelles des Français (Spira, Bajos, 1993, Lagrange, Lhomond, 1997 ; Bajos, Bozon et coll, 1998) montrent que les habitudes sexuées se sont plus transformées dans la séduction que dans les rapports sexuels. Le premier rapport sexuel semble toujours organisé par l'opposition entre les garçons qui vivent ce corps à corps comme une épreuve, une initiation et un apprentissage alors que les filles aspirent plus nombreuses à une relation affective totale (Bozon et Heilborn, 1996 ; Lagrange, Lhomond, 1997). Toutefois les résultats d'une enquête auprès de 226 lycéennes et étudiantes montrent que

---

1. Cependant, l'écart du degré de judiciarisation dans les querelles privées reste important entre les conseils prodigués par les féministes américaines et ceux des féministes françaises. Les premières ont un seuil de recours au procès beaucoup plus bas que les secondes. Ce décalage se retrouve aussi dans les questions publiques comme le « sexual harrassment ». L'interprétation de cette différence donne lieu à des critiques croisées. Les féministes américaines supposent que les femmes françaises ont tellement intériorisé leur domination qu'elles se laissent faire (Cope Saguy, 2001). Les féministes françaises encouragent la dénonciation de ce type d'agression mais nous mettent en garde face aux effets de l'abaissement extrême du seuil de judiciarisation (Hirata, Laborie et coll., 2000).

les filles acceptent volontiers de choisir sur des planches photographiques des corps masculins pour leur beauté et leur attractivité sexuelle (Duret, 1999). Choisir un partenaire en terme « d'attirance corporelle » fait partie des envies aujourd'hui légitimement exprimable par les filles. Les résultats mettent en évidence que les filles opèrent (et assument d'opérer devant l'enquêteur) la distinction entre « pour une nuit » et « pour la vie » : du temps court de la rencontre passagère au temps long de la vie de couple, l'importance de la dimension sexuelle des ressources corporelles diminue. Aussi, les jeunes filles sont-elles prêtes à choisir des photos d'un garçon pour une nuit mais refusent-elles de se prononcer à partir de tels indices sur l'éventualité d'une relation plus longue.

Au sujet de la transition des jeunes vers la sexualité génitale, les enquêtes sur l'analyse du comportement sexuel des Français et des jeunes (ACSF, ACSJ) montrent que les expériences menant du premier baiser au coït sont beaucoup plus diversifiées et individuellement beaucoup plus progressives. Tout un répertoire de caresses découvertes avec des partenaires successifs rend ce passage beaucoup plus étalé. Mais la sexualité prend aussi une dimension nouvelle dans la vie du couple marié. Hier presque considéré comme un attribut allant avec le statut matrimonial, elle devient aujourd'hui une expérience personnelle et inter-personnelle à construire (Bozon, 2002). L'auteur montre les décalages encore importants dans la conception de la sexualité par les hommes et par les femmes. Les hommes placeraient plus que les femmes la valeur de leur propre sexualité dans le nombre de corps-objets possédés alors que les femmes s'attacheraient davantage à la rareté de la relation. Bozon conclue cependant à une montée très progressive de la norme de réciprocité en matière d'infidélité conjugale. Ce rééquilibrage partiel est cependant insuffisant pour mettre totalement un terme au double standard interdicteur et sévère pour la femme infidèle, permissif et tolérant pour l'homme infidèle. D'autres auteurs soutiennent que la sexualité peut être déconnectée de la fidélité authentique de la vie de couple. Ainsi, B. Russel (1985) dans son essai *Le Mariage et la morale* défend, pour condamner le divorce, les amours adultères passagères et centrées sur les plaisirs corporels. De même, A. Giddens (1993) suggère que la fidélité n'est pas nécessairement synonyme d'exclusivité sexuelle. La tolérance mutuelle serait de rigueur quand l'écart passager reposerait sur une aventure engageant uniquement les corps. On peut se demander, à la lecture de ces prises de positions, si prôner à la fois la liberté sexuelle et la fidélité sentimentale ne suppose pas une dissociation caricaturale entre expérience « purement » physique et expérience amoureuse. En somme, on peut reprocher aux auteurs leur naïveté ou leur manque de distanciation puisqu'ils reprennent à leur compte la dissociation machiste[1] entre le plaisir et l'amour, entre l'adultère perçu comme une simple hygiène et la conjugalité, lieu d'une relation entière.

On peut au contraire supposer, avec F. de Singly et Chaland (2001) que la sexualité comme temps fort de la découverte de soi dans le regard de l'autre ne puisse être vécue comme un simple butinage sans frais au niveau de la remise en question du lien privilégié avec le conjoint[2]. La fidélité met en jeu la sécurité ontologique et le corps ne peut-être aussi aisément dissocié de l'identité. C'est la même leçon théorique et pratique que l'on peut tirer avec de Singly de *Sur la route de Madison*[3].

Une transformation importante dans les conditions d'exercice de la sexualité tient aussi dans l'allongement (conjointement précocité et longévité) de la vie sexuelle bien plus marquée pour les femmes que pour les hommes (Bozon, 1999). Si en 1970, 50 % des femmes en couple avaient eu un rapport sexuel dans l'année, c'est le cas de 80 % d'entre elles en 1992.

1. Les enquêtes sur le comportement sexuel des Français menées au début des années quatre-vingt-dix font apparaître sur cette question des différences tranchées. Deux tiers des hommes sont d'accord avec l'idée selon laquelle « on peut avoir des rapports sexuels avec quelqu'un sans l'aimer » alors que deux tiers des femmes la désapprouvent.

2. À ce titre, le recul sensible en une génération du recours à la prostitution offre trois lectures contradictoires. On peut soit y voir une preuve indirecte du manque de pertinence de la dissociation plaisir/amour. Mais on peut aussi interpréter cette diminution comme un indice de la généralisation des passades extra-conjugales rendant du coup inutile le recours à la prostitution. Enfin, on peut voir dans ce recul un refus pour les hommes de s'avouer vaincus, c'est-à-dire incapables d'accéder à une relation sexuelle sans l'acheter. 5 % des hommes de 20 à 29 ans interrogés en 1992 déclaraient y avoir eu recours dans les cinq dernières années (d'après l'enquête ACSF sur 20 055 personnes) alors qu'en 1970 pour la même tranche d'âge 25 % des hommes interrogés disaient avoir eu des rapports sexuels avec des prostituées.

3. Dans le roman de R. Waller, l'héroïne Francesca épouse d'un fermier et mère de deux enfants rencontre un photographe Robert Kinkaid. Ils vivent une brève mais fulgurante passion qui est source d'une révélation identitaire croisée pour l'un et l'autre. Elle reste avec son mari par sens des responsabilités familiales mais même si elle ne revoit plus jamais son amant, elle partage son existence avec lui.

Cette prolongation de la vie sexuelle conjugale est d'autant plus remarquable que la femme en vieillissant se trouve placée dans une situation de plus en plus inégalitaire par rapport à l'homme. Alors que les rides ne contredisent pas l'idéal viril (« le beau vieillard »), elles condamnent celles qui se réfèrent aux stéréotypes de fraîcheur et de jeunesse de la beauté féminine. Simone de Beauvoir constatait qu'a partir d'un certain âge les femmes pour les hommes n'ont plus d'âge (non par une sorte de galanterie qui les inciterait à le taire) mais parce que mortes pour la sexualité elles ne vieillissent plus. L'auteur dénonce la barbarie de la société qui en somme pousse les femmes dans une mort symbolique dès qu'elles ne peuvent plus restaurer l'apparence de leur jeunesse. Ainsi, si le corps de l'homme et de la femme ne vieillissent pas à la même vitesse, les femmes, même vivant plus longtemps, vieillissent dans de plus mauvaises conditions. Elles font l'expérience de ce K. Woodward (1999) nomme « l'invisibilité » et n'en sortent que pour être montrer du doigt comme porteuses des « ravages du temps ».

3. Transformistes, Queers et identités flexibles

Les personnes sont confrontées au classement catégoriel de leur pratique sexuelle en terme d'hétérosexualité ou d'homosexualité. Le courant homosexuel, comme l'a noté L. Bersani (1998) est scindé par une double tension, opposant d'une part ceux qui souhaitent construire une identité gay et ceux qui refusent cette identité communautaire, et d'autre part entre ceux qui cherchent l'assimilation par la discrétion et la réserve dans l'expression de leur différence et ceux qui font de son affichage une condition première. Les Queers refusent l'opposition binaire entre hétéros et gays. La démarche militante des Queers (Bourcier, 2001) ne se satisfait plus d'un contre modèle homosexuel à opposer de manière manichéenne à celui de l'hétérosexualité. Ils refusent également de garder secrète leur orientation sexuelle. La discrétion visant à éviter une discrimination négative est dénoncée comme une intériorisation de la stigmatisation. La « queers theory » donne une place importante dans son questionnement à la flexibilité source d'extension de l'identité. De même que les normes hétérosexuelles sont jugées comme une limitation réductrice par les homosexuels, s'en tenir à une identité gay ou lesbienne va être à son tour vécu comme un frein par les queers. Toute tentative pour stabiliser l'identité sera alors critiquée comme projet mutilant. Les sujets dans ce mouvement n'ont pas à choisir de manière définitive et rigide entre masculin et féminin. L'identité sexuelle tout comme l'identité de genre passe alors pour de simples orientations construites sur lesquelles on peut jouer. Alors que les « folles », les « travesties » et la « drag-queen » ne manquaient pas d'être dénigrées par certains homosexuels n'y voyant que des caricatures exubérantes susceptibles d'apporter de l'eau au moulin des « anti-homos », les tenants des identités transformistes seront défendus par les queers qui s'en prendront à leurs détracteurs en montrant comment l'homophobie peut-être vivace à l'intérieur même du courant homosexuel. Il s'agit alors de retourner le stigmate en emblème. Le corps est un outil de stylisation de la différence d'identité sexuelle souvent indispensable, comme l'a suggéré M. Pollack (1993), à la construction d'une force de contestation. À la Gay Pride, par exemple, les manifestants protestent avec leur corps et pas seulement avec des banderoles ou des tracts. Ils ne se contentent pas de faire nombre mais de montrer leurs particularités. La procession loin de ne donner à voir que des corps proches du modèle du jeune éphèbe musclé égrène une longue succession de différences. Les Queers n'hésitent pas à critiquer l'idolâtrie des gays « *mainstream* » pour les corps musclés et les modèles idéalisés de la beauté physiques masculine.

P. Garaud (2002), dans une approche sociologique faite d'observations, repère trois groupes de transformistes :

– dans le premier, le travestissement revient simplement à un déguisement réussi. Le changement d'apparence s'alimente surtout de défis que se lance la personne pour savoir si elle va réussir à se faire passer pour une autre. Dans ce jeu sur l'apparence, il ne s'agit pas de devenir un autre mais de « passer pour ». Les acteurs concernés se contentent de gommer des signes corporels et d'en offrir d'autres sans pour autant entraîner des transformations de leur identité sexuelle initiale. Ainsi, les sujets observés expriment leur répulsion à ce qu'un homme puisse se laisser pénétrer, signe à leurs yeux d'une dégradante passivité. Même déguisés en femmes, ils marquent leur masculinité à travers leurs pratiques sexuelles. S'ils sont sollicités par des hommes ces « femmes d'un soir » conservent donc leur orientation sexuelle : « je lui annonce que je suis un mec, que j'ai un biniou et qu'il va falloir qu'il joue avec », « je lui dis que j'ai mon plantoir et que c'est pour m'en servir » (Garaud, 2002). L'identité sexuelle, comme l'identité de genre sont donc fixées au pôle masculin ;

– un second groupe présente des identités plus flexibles. Le travestissement permet non seulement de passer pour une femme et d'être désiré comme telle mais en outre de désirer comme telle. Apparence, identité sexuelle et identité de genre sont concordantes. Ces travesties ne supportent pas qu'on les appelle « il » ni qu'on leur parle au masculin. Dans leurs moments de travestissement, ils contraignent leurs proches à changer d'attitude à leur égard, à les considérer et à les traiter en femme. Ces périodes d'inversion sont marquées par deux caractéristiques principales : elles sont brèves mais fréquentes, elles se déroulent hors de la cellule familiale. Le travesti se sent femme le temps du travestissement mais réintègre son identité antérieure dès qu'il le quitte ;

– dans un dernier groupe enfin, l'identité se stabilise au pôle féminin. Si dans les deux premiers groupes les moments festifs constituaient par excellence les temps du travestissement, dans le troisième le travesti peut se donner sur de longue période une apparence féminine. Garaud trace le portrait d'un (e) « Tootsie » qui a fait sa carrière professionnelle en tant que femme. Pendant de longues années il(elle) s'est apprêté(e) tous les matins pour aller travailler. En continuité de ce type de travestissement, la transexualité revient à mettre en conformité son corps avec le sentiment de son identité profonde. Les opérations permettent aux transsexuels et aux transexuelles « *she-male* » ou « F. M » (*female to male*) de devenir ce qu'ils se perçoivent être déjà. Les transsexuels interrogés justifient leur pratique en décrivant leur âme de femmes enfermées dans un corps d'hommes ; ils (elles) se jugent plus femmes que bien des femmes.

4. Les corps sportifs et la socialisation de genre

4.1 Les corps sportifs comme porteurs d'identité

Le sport est sans doute celle des pratiques sociales où s'exprime le plus ouvertement la socialisation de genre (Cole, 1999 ; Messner, Mc Kay, Sabo,

2000). Même si le taux de la pratique sportive féminine a quasiment rejoint celui des hommes, hommes et femmes sont loin d'engager leur corps dans les mêmes types d'activités (Mignon, Truchot, 2001). Certaines comme le rugby ou la boxe constituent des conservatoires des valeurs viriles, d'autres comme la danse ou les sports de glace servent de vitrine au féminin, d'autres enfin comme le tennis sont plus ambivalents.

En boxe et au rugby, le corps cabossé et meurtri atteste de la rudesse des coups et célèbre le combattant. Pourtant même dans ces deux pratiques des transformations dans l'image des champions sont nettement perceptibles. En boxe, Cassius Clay (alias Mohamed Ali) a opéré une rupture décisive. Jusqu'à lui le corps avait pour impératif de souffrir, le sang répandu étant tout à la fois signe de barbarie pour le profane et signe d'héroïsme pour les adeptes. Mais Cassius Clay réussit à extraire, comme le montre A. Rauch (1992), une beauté plastique de la scène brutale. Excellent tout particulièrement dans les esquives, il termine ses combats sans que les coups ne le marquent. Son visage indemne qui contraste avec les « gueules cassées » des autres boxeurs, n'inspire plus la peur mais une telle force que rien ne peut le blesser. Ce ne sont plus les coups qui semblent tracer les contours du corps du boxeur.

Au rugby, pour faire sérieux quand on est un « avant », c'est-à-dire un viril parmi les virils, il est indispensable d'en imposer physiquement aux adversaires et même aux arrières de sa propre équipe. Cependant, Saouter (2000) souligne la double nature du toucher faisant du rugby un sport de combat et un jeu charnel. Les mêlées et les regroupements font l'objet à la fois d'un contact agonistique avec l'adversaire mais aussi d'une relation fusionnelle au partenaire. Le corps à la fois se heurte et se soude. La dimension érotique du contact est certes désamorcée au profit d'un corps n'ayant plus qu'une réalité fonctionnelle. Il serait sinon impossible aux rugbymen de mettre leur tête entre les cuisses de leurs coéquipiers comme c'est le cas en mêlée. Les apparences des rugbymen évoluent car de nouvelles figures moins chargées de signes masculins apparaissent progressivement. Jusqu'aux années quatre-vingt, les lignes avants du XV de France ne semblent composées que de « bestiaux », comme on dit dans le langage indigène. Parmi ses gros gabarits sur qui le groupe pouvait toujours compter en cas de bagarre, l'histoire du Rugby retiendra Estève et Palmier, les deux secondes lignes gigantesques de Béziers surnommés respectivement l'« ogre-dindon » et le « dinosaure » autant à cause de leur manière de courir que pour leur attachement aux valeurs « archéo-masculine ». Mais Rives et Skrella les troisièmes lignes élégantes, aux cheveux longs, vaillants mais virevoltants sont venus dans le courant des années quatre-vingts brouiller ces stéréotypes. Dans les années quatre-vingt-dix, des silhouettes moins effrayantes gagnent les lignes avant. Avoir, le nez cassé, des cicatrices, une barbe de trois jours et un short trop grand ne sont plus des critères jugés indispensables pour être un bon avant. Certes, des internationaux comme Merles (dépassant 120 kg et surnommé « big ») ont continué à faire le ménage dans les mêlées mais d'autres, comme le pilier Califano, ont accepté de servir de mannequin pour défilés de mode en adoptant une conduite jugée jusque-là inconvenante vis-à-vis de leur virilité.

À l'opposée du rugby, le patinage artistique est investi par des femmes visant la grâce. Les championnes de référence Peggy Flemming pour les années soixante-dix, Katerina Witt pour les années quatre-vingt, et Isabelle Duschesnay par les années quatre-vingt-dix ont eu en commun de privilégier les critères de jugement artistiques par rapport à la cotation des éléments techniques. D'où la difficulté à s'imposer pour Surya Bonaly malgré (ou à cause) de sa musculature, malgré (ou à cause) de ses prouesses techniques toujours critiquables en tant que patinage « à la garçonne ». Jugée puissante mais inesthétique elle a en définitive fait les frais de son manque de féminité (Duret, Trabal, 2001).

L'évolution de la danse à travers ses modalités de rue (hip-hop, rap) a partiellement déconstruit l'opposition binaire entre la force masculine et la grâce féminine. Cette danse là n'est pas réservée aux jeunes ayant renoncé à leur virilité, les corps rencontrés n'y sont pas nécessairement androgynes. Ces danseurs revendiquent leur virilité au point qu'être donné pour un « king-jumbo-J » (roi des costauds) est un compliment recherché alors que se faire traiter de « queen Candy » (reine en sucre d'orge) constitue une moquerie offensante et réclamant réparation. Ces modalités dansées se construisent donc en opposition aux représentations de la danse « petit-rat-en-tutu-talon-pointe » (Bazin, 1995). Le corps dansant n'est plus incompatible avec le corps guerrier. L'esthétisation n'est plus systématiquement synonyme d'effémination. L'investissement de forme est moins incompatible avec l'investissement de force.

4.2 Le corps féminin investissant des modèles de l'autre sexe

C. Mennesson (2000a, 2000b) s'attache à analyser la construction de l'identité des femmes investies dans des sports de tradition masculine.

À propos des boxeuses, elle montre précisément le rôle de ce qui est incorporé dès l'enfance, que ce soit sous formes d'habitudes, de souvenirs, d'émotions ou d'expériences, et comment ces actions passées jouent dans la construction des actions présentes. Si toutes les participantes considèrent leur première rencontre avec la boxe comme une révélation, l'auteur dégage deux principaux contextes de découverte de l'activité :

– dans l'un, les filles sont confrontées de manière relativement fortuite, en étant invitées par exemple au spectacle d'une compétition par un ou une ami(e), ou encore parce que l'activité fait partie du curriculum des disciplines enseignées dans leur université. Ces boxeuses, sensibles aux aspects techniques et esthétiques des assauts, ne sont guère attirées par un usage des poings visant une efficacité combative maximale ;

– dans l'autre, la participation aux sports de combat est le résultat d'une initiative plus directe. Ces filles ne cachent pas leur intérêt pour les coups portés dans le kick-boxing ou la boxe thaï. Elles n'ont peur ni d'en recevoir ni d'en donner car c'est précisément ce qu'elles viennent rechercher dans l'activité, quitte d'ailleurs à être souvent pénalisées dans des combats pour manque de contrôle. Engagées plus précocement que celles du premier groupe, elles affectionnent le panachage et la multipratrique de différentes disciplines de boxe « hard ».

Au niveau de la construction de genre, les résultats de l'enquête montrent là encore une dualité identitaire. D'une manière générale toutes les boxeuses marquent leur distance avec la femme fragile. Si la majorité souhaite avoir des enfants, rien ne presse. L'expérience des femmes boxeuses illustre tout à la fois la reproduction de la domination masculine et une mise à distance de la conception traditionnelle de la féminité. À ce titre, les boxeuses françaises[1] se distinguent des autres. En effet, six des sept pratiquantes interrogées

1. C'est-à-dire qui pratique la boxe française.

se définissent volontiers comme des « femmes libérées ». Pour lutter contre les rôles traditionnels de genre, les meilleures du point de vue compétitif font jouer leur niveau de pratique contre « le handicap » du sexe. Avoir le droit de s'entraîner suffisamment quand on vise le haut niveau est un droit qui s'accorde aux combattant(e)s indépendamment de leur sexe. Ce qui suppose de leur entourage qu'il accepte un (relatif) partage des taches domestiques pour leur libérer du temps consacré à l'entraînement.

Les participantes de boxe dure (en particulier, quand elles vivent ou ont vécu avec leur entraîneur) ont au contraire une vision traditionnelle des rôles de genre. C. Mennesson montre que la clé explicative de ces différences tient souvent à l'ambiance impulsée dans les clubs par des coachs des boxes « dures » souscrivant aux conceptions traditionnelles de la féminité.

Dans *Des femmes au monde des hommes* (2000), l'auteur poursuit ses interrogations sur le processus de construction de l'identité sexuée des filles qui entrent dans des univers sportifs largement dominés par les valeurs masculines en prenant trois terrains (le football, la boxe et l'haltérophilie). À partir d'une cinquantaine d'entretiens biographiques et d'observations en spectatrice ou participante, C. Mennesson montre comment le processus identitaire se réalise dans le jeu entre le passé (incorporé comme système de dispositions potentiellement modifiables) et le présent et ses lieux de socialisation secondaire. Elle porte une attention comparative particulière au contexte institutionnel de ces pratiques. Si, jusqu'il y a peu, le football féminin était peu valorisé par la fédération, à l'opposé la fédération de boxe française jugeait essentielle à son développement l'apport de la pratique féminine. D'où face au mépris des footballeurs une familiarité des footballeuses avec les situations « d'homosociabilité », contrairement aux boxeuses et aux haltérophiles qui évoluent principalement en situations « hétérosociales ». L'autre repère chez la plupart des boxeuses et des footballeuses une socialisation « inversée » liée à la participation, dès le plus jeune âge, aux activités des garçons. Ces dispositions familiales orientant les trajectoires vers des « sports masculins » prennent corps d'autant plus sûrement que la fille occupe dans la famille la place d'un garçon « manquant » ou que la socialisation a été réalisée par des frères. Ces filles opèrent un double démarquage : tout à la fois celui des stéréotypes d'une féminité jugée traditionnelle et celui du masculin. L'auteure relève alors des traits identitaires contradictoires où les aspirations novatrices n'ont pas totalement évacué les prises de positions « essentialistes ». Elle dégage quatre principales formes identitaires (« les vraies femmes », les femmes « quand même », les femmes « présentables », les femmes « dans leur tête » proche du garçon manqué). Les « vraies femmes » à l'opposée des « femmes dans leur tête » peuvent s'approprier l'activité sans renier leur identité féminine.

Ce travail, éclairant quant aux liens entre socialisation primaire et secondaire, trouve son pendant dans celui mené par P. Roussel sur « le corps féminin culturiste » (2000). Cette dernière montre en effet que l'apparence physique des femmes culturistes n'est pas un simple troc des repères féminins contre d'autres masculins. Il ne s'agit pas d'une pure permutation des normes esthétiques. S'opère alors un travail sur les limites du genre faisant coexister masculinisation et féminisation dans l'apparence. Les seins « siliconés » et le maquillage abondant sont, par exemple, deux marqueurs de féminité couramment employés pour contrebalancer la virilisation apportée par des muscles massifs. Le visage figure en dernier lieu le siège ultime de l'identité de sexe. L'auteur en fait la preuve par l'usage de tests photographiques. Parmi les photos de corps féminins musclé à un même niveau, les femmes culturistes rejettent ceux présentant une figure masculine (mâchoire carrée…) pour incarner la beauté idéale.

L'étude des femmes culturiste permet de poser deux questions majeures concernant le corps dans la construction identitaire. La première est celle de la continuité ou de la rupture dans la construction de soi : est-ce que pour une femme s'engager dans le culturisme consiste à devenir ce que l'on était en germe ? auquel cas il ne s'agit que d'un changement d'apparence faisant remonter à la surface du corps, au visible de l'être quelque chose qui était déjà en elle. Ou au contraire n'est-ce pas chercher à devenir ce que l'on n'était pas ? Les résultats montrent qu'il s'agit plutôt d'un travail en continuité qu'en rupture. La seconde question est celle de la réversibilité de l'engagement. Cette quête du muscle est-elle un aller-simple vers le masculin ou un voyage d'où il est important de pouvoir revenir. Les culturistes féminines se lancent avec d'autant moins de retenue dans une démarche de rapprochement avec la frontière du masculin qu'elles pensent pouvoir s'en éloigner à leur guise le moment venu. Ainsi durant la période compétitive, elles acceptent, dans ce jeu de Yo-Yo identitaire, un changement d'état provisoire, pilosité surabondante, baisse du timbre de la voix, amenuisement des seins, augmentation de la masse musculaire[1]. Ces périodes de transformations ont des retentissements d'ensemble au niveau de l'érogénéïsation du muscle. Le travail sur le muscle construit le corps féminin comme un référent sexuel ambivalent, à même de séduire et/ou de repousser les deux sexes. Ainsi, le maintien ou non d'une plastique d'écorchée (« séche ») ou d'un volume musculaire important après la période des concours constitue des indices éclairant sur les rapports qu'entretiennent ces femmes à leur propre sexualité.

Les différences entre les sexes s'inscrivent dans les corps sportifs et les femmes qui font carrière dans des sports de traditions masculines interrogent non seulement la hiérarchie entre les sexes mais encore la fixité et l'assignation identitaire à un rôle sexué. Toutes n'opèrent pas une remise en cause de la définition de la féminité. Cependant, les femmes culturistes tout en attestant de la validité des oppositions masculin/féminin, souhaitent échapper à ce système binaire en se situant comme inclassables et capables d'un jeu de rapprochement/éloignement par rapport à la frontière des sexes.

1. Autant de transformations occasionnées peu ou prou par la prise de produit dopant.

CORPS, SAVOIRS ET POUVOIRS

Dans les rapports qu'entretiennent les individus avec les pouvoirs politiques, le corps occupe une place déterminante. Il constitue tout à la fois un lieu d'inscription des pouvoirs et un ultime outil de protestation.

1. LES MODES DE CONTRÔLE SOCIAL SUR LE CORPS

1.1 De la surveillance

À l'âge classique apparaît une nouvelle conception de la vie en société qui transforme profondément les principes de gestion du corps. Le pouvoir moderne est un *bio-pouvoir* dont le dispositif joue sur les corps à deux niveaux : celui de la gestion globale des populations, celui des individus en s'emparant des détails les plus intimes de la vie quotidienne. Le dédoublement du pouvoir consiste pour Michel Foucault en une face gestionnaire jouant sur les régulations biopolitiques d'ensemble et une face disciplinaire individualisée.

D'une part, au niveau global, la régulation des processus vitaux des populations devient un impératif majeur avec les changements socio-démographiques du XIXe siècle. Foucault montre comment le pouvoir du souverain va s'effacer au profit de celui de l'État et de la *Raison d'état* (1976, 1986). Le pouvoir ne s'exprime plus alors prioritairement par la mise à mort et le prélèvement de la vie. En s'éloignant de cette volonté d'ôter la vie, le pouvoir cherche au contraire à la faire croître et à l'administrer à partir de nouvelles sources de savoirs. Une arithmétique politique cherche à définir et à mesurer la force des états respectifs par le taux de natalité, le niveau de santé, les statistiques (espérance de vie, évolution des poids et tailles…). C'est parce que la question de la santé des corps entre dans l'inventaire des richesses des états concurrents que le pouvoir politique entreprend la prise en charge de la vie des populations (1976 : 183-184). Cette perspective suppose des principes d'efficacité, de propriété et d'identité renouvelés qui se dégagent progressivement du poids de la métaphysique et des modèles juridiques de l'ancien régime. Le contrôle social ne repose plus sur l'appropriation des corps (inversement à l'esclavage) mais sur l'allégeance puis sur la citoyenneté. En même temps qu'il fait l'objet d'attentions pressantes visant l'amélioration de son efficacité, le corps devient par ailleurs source d'inquiétude. Comment s'assurer que ces forces accrues ne se retournent pas contre le pouvoir ? Il ne suffisait donc pas de travailler à l'efficacité productive ou combative des corps mais aussi à leur docilité.

D'où d'autre part, le rôle tenu par le pouvoir dans l'individualisation de la discipline.

Les anciennes formes de pouvoir pouvaient brutaliser, réprimer ou anéantir mais ce faisant elles restaient extérieures aux individus, le nouveau s'exprimera à l'intérieur d'eux sous forme de morale et d'éthique. Il reposera sur une intériorisation des normes disciplinantes.

Les maux et les contraintes imposés au corps sont donc de fait un enjeu crucial des relations entre membres d'une même société. La justice pénale au tournant du XVIIIe et du XIXe siècle change profondément de manière de châtier les crimes et de justification morale. Michel Foucault va détailler cette évolution dans *Surveiller et Punir* (1975) où il montre comment à la punition corporelle (le supplice) se substitut une peine moins immédiatement physique (la détention). Le corps supplicié, écartelé, décapité, amputé, donné en spectacle dans sa souffrance et sa mise à mort disparaît au profit du corps reclus et caché du détenu. Le passage du supplice à la détention des corps marque donc aussi un renversement du rapport public/secret. Non seulement gibets, piloris et roues sont remisés mais l'échafaud, à la fin du XIXe siècle, ne décapite plus qu'à l'abri des enceintes pénitentiaires et ce, jusqu'en 1981 où la peine de mort est abolie en France. Dans cette évolution on passe d'une instruction secrète débouchant sur un supplice public à une instruction publique accompagnée d'une application de la peine dissimulée. En effet, le jugement ne vise plus à punir mais à corriger, ce n'est donc plus l'exécution de la sentence et la souffrance dissuasive du corps à qui sont attribuées des vertus morales, mais le procès et la condamnation qui calculent, dosent et graduent le temps d'enfermement comme un remède. L'efficacité dissuasive ne tient plus dans le spectacle des chairs malmenées mais dans l'inéluctable et implacable certitude pour le fautif d'être jugé et puni. Les prises sur le corps deviennent alors barbarie, les tourments imposés basculent dans la férocité. Le supplice est suspecté d'accoutumer les spectateurs à une férocité dont on voulait les détourner. Michel Foucault le souligne : « Dans le chatiment-spectacle une horreur confuse jaillissait ; elle enveloppait à la fois le bourreau et le condamné : et si elle était toujours prête à inverser en pitié ou en gloire la honte qui était infligée au supplicié, elle retournait régulièrement en infamie la violence légale de l'exécuteur » (1975 : 16). Le risque était donc de faire ressembler le bourreau à un criminel et d'activer compassion voire admiration pour le supplicié. Quand sont visées la bonification et l'amélioration du condamné les techniques ne sont plus celles de la seule expiation des fautes ; il ne s'agit plus de léser le corps mais de suspendre ses droits. Le corps est encore en jeu mais en position d'instrument d'intermédiaire avec le soi interne du fautif, son âme à corriger. Ce nouvel objectif exige des techniques spécifiques au niveau la réclusion et de l'observation.

Au niveau de la réclusion, la discipline corporelle développée en prison diffère de celle dispensée à l'armée ou dans les ateliers. Il s'agit bien de deux visions de la perfectibilité. Les dernières visent les progrès physiques et l'utilisation croissante des forces utiles. Le corps y est soumis mais actif. La première au contraire cherche une amélioration d'ordre moral reposant sur un principe de renoncement ou de privation faisant du corps le simple moyen d'accéder à l'âme. Au niveau de la surveillance, la discipline exige le renversement du regard. Le propre du pouvoir n'est plus de se faire voir et de rejeter dans l'ombre tout ce qu'il domine. Le régime de visibilité s'inverse. Le pouvoir[1] ne vise plus la mise en lumière, mais se satisfait de l'ombre. Selon le modèle panoptique (Foucault, 1975, chapitre « Le panoptisme ») l'individu doit se sentir surveiller en permanence. À l'origine, le *Panopticon*, projet architectural de prison de Jeremy Bentham se compose

1. Les analyses de Michel Foucault ont remis en cause divers postulats marxistes qui prévalaient dans les années soixante-dix quant au pouvoir : postulat de propriété (le pouvoir n'était plus considéré comme la propriété d'une classe sociale), postulat de localisation dans l'état (le pouvoir n'était plus considéré comme localisé dans tel ou tel appareil d'état mais capillarisé à tous les niveaux de la société), postulat du mode d'action répressif (le pouvoir trouvait aussi sa source dans l'intériorisation). Pour un inventaire détaillé de cette rupture lire Gilles Deleuze (1975, 1986).

d'un bâtiment en anneau sur le pourtour et d'une tour en son centre. Dans le bâtiment périphérique divisé en cellules en pleine lumière, les prisonniers sont exposés au regard d'un surveillant dans la tour qu'ils ne peuvent pas discerner. L'effet de discipline est obtenu : séparé des autres mais en lumière, le reclus se sent perpétuellement surveillé, que l'attention s'exerce, en réalité, sur lui ou non. De son lever à son coucher, le détenu peut se croire sous l'œil de ses surveillants. Ce qui l'amène à s'assujettir au pouvoir, à se contraindre et en quelque sorte à se surveiller lui-même. Le *Panopticon* est pour Michel Foucault la métaphore de l'économie du pouvoir moderne. Dans ce mode disciplinaire, la loi est remplacée par la norme, la contrainte par l'intériorisation[1].

Un abus familier d'interprétation de la lecture de *Surveiller et punir* consiste voir dans la création du carcéral une coupure franche entre un « avant » la prison où le corps n'aurait été qu'un lieu d'expiation et un « après » où à travers l'enfermement l'âme seule serait atteinte. Cette rupture est à relativiser sur trois points :

– d'une part, les violences punitives faites au corps au Moyen Âge puis à la Renaissance pouvaient elles aussi viser l'âme quand elles provenaient par exemple d'une institution religieuse. La terreur politique de l'inquisition pensée par Torquémada en Espagne puis diffusée comme modèle par la curie romaine au XVIe siècle repose sur l'opposition entre le corps périssable et l'âme immortelle (Bennassar, 1994). Qu'importe des souffrances toujours ponctuelles si elles ouvrent les portes de l'éternité. La pitié consiste non pas à mettre un terme à la torture si l'hérétique se maintient dans la négation mais au contraire à la redoubler pour son salut ;

– d'autre part, on ne peut faire comme si l'enfermement moderne n'avait pas d'effet sur le corps. On ne peut traiter de la prison comme d'un lieu où le corps ne souffrirait pas. Cette utopie du « bien-être » carcéral[2] ne résiste pas à l'analyse des conditions concrètes faites au corps (entassement, promis-

1. Dans un mode voisin, N. Elias avait également perçu dans « la dynamique de l'occident » le passage de la contrainte à l'auto-contrainte.
2. Qui peut aller dans les cas extrêmes jusqu'à l'utopie de la mise à mort en douceur. Le débat sur la peine capitale aux États-Unis porte moins sur son abolition ou son maintien que sur les manières d'ôter la vie sans faire souffrir. D'où la préférence accordée dans certains états aux injections (de tranquillisants d'abord, puis de poison ensuite) sur la chaise électrique.

cuité, malnutrition, absence d'intimité, abus sexuels). Michel Foucault avait d'ailleurs associé à sa recherche un engagement militant prenant une part active aux luttes du Groupe d'Information sur les Prisons (GIP). Il avait pu constater à quel point les protestations des prisonniers étaient bien d'abord une révolte des corps.

Enfin, l'enfermement carcéral ne visait qu'en apparence l'insertion et l'intégration sociale des détenus une fois leur peine achevée. Michel Foucault souligne dans *Surveiller et Punir* (chapitre « Illégalisme et délinquance ») que les réformateurs pénitentiaires du début du XIXe siècle n'entretenaient aucune espérance naïve sur la portée correctrice et rééducative de la détention. Ils savaient que l'extension de la prison ne réduisait pas le taux de criminalité par contre qu'elle assurait la pérennisation et la reproduction de la délinquance. L'institution carcérale et plus largement le système pénal fabriquait une population marginale et délinquante que le pouvoir politique désignait ensuite comme épouvantail pour assagir la classe ouvrière[1].

1.2 Les corps soumis à la violence sexuelle en prison : un effet de la privation ou un opérateur hiérarchique ?

La prison est un lieu où le détenu perd sa liberté de circulation, son droit à l'intimité et se trouve privé le plus souvent de sexualité hétérosexuelle. Le prisonnier est « décivilisé » au sens où le procès de civilisation (Elias, 1969) a abouti à la progressive dissimulation des fonctions corporelles excrémentielles par l'établissement d'une frontière stricte entre le privé et le public. Ces formes extrêmes d'humiliation vécues dans la mise à l'épreuve de la pudeur se retrouvent dans la transgression de la frontière de l'intimité

1. Michel Foucault, cite Charles Lucas écrivant en 1824 : « Le même arrêt qui envoie le chef de famille en prison réduit chaque jour la mère au dénuement ; les enfants à l'abandon, la famille entière à la mendicité ou à la délinquance » (*Surveiller et Punir*, p. 312). La récidive individuellement marque l'échec mais politiquement joue comme réussite du système.

sexuelle[1]. En effet, la sexualité hétérosexuelle ne peut subsister qu'au prix de son exercice durant les parloirs. Cette sexualité qui dépend essentiellement du bon vouloir de gardiens se résume le plus souvent à un service sexuel que la femme fournit à l'homme. Pour autant est-ce vraiment la privation et le manque qui sont à l'origine des abus sexuels en prisons ? D. Welzer-Lang (1996). propose une autre hypothèse. L'abus sexuel permettrait de classer en prison deux types de populations les males à la virilité incontestable (les caïds, les durs) et les sous-hommes soumis et pliables à volonté. La violence sur les corps agirait comme un opérateur hiérarchique qui à la fois génère et sous-tend les classements virils. Dans cette logique celui qui, par sa faiblesse, ne réagit pas justifie de fait sa domination. L'auteur montre à partir d'une étude empirique que l'abus sexuel en prison s'explique moins en terme de satisfaction de besoins sexuels que par le maintien implacable de la norme virile et par sanction à ses écarts. Ainsi en fonction de sa position dans l'espace du banditisme et de ses antécédents, les détenus pourront être plus ou moins respectés et disposés de plus ou de moins de droit sur les autres.

Cette analyse fait clairement apparaître que proxénète et « braqueurs » disposent dès leur entrée en prison d'un capital symbolique important leur permettant de convoiter sans attendre un statut de dominant alors que d'autres catégories de détenus devront faire leur preuve et que les inculpés pour affaires de mœurs « les pointeurs » (incestes, viols d'enfants) ont toutes les chances d'êtres maltraités. Les détenus sanctionnent les violeurs parce qu'ils heurtent pour trois raisons la morale des caïds. D'abord, le violeur d'enfants n'a pas fait preuve de force en abusant d'un être sans possibilité de résistance. Face à l'irrémédiable trauma, les caïds refusent de s'en tenir au dérèglement psychologique de l'accusé (entraînant une simple thérapie psychiatrique), ils voient surtout dans le comportement du délinquant la lâcheté impardonnable : soigner n'est pas punir. Il s'agit donc de lui « en faire baver » et l'abus perpétré sur le détenu est conçu alors comme une juste puni-

1. La transgression excrémentielle est sans doute la plus forte. Il est remarquable par exemple de constater qu'une émission comme « loft story » qui a transgressée (comme tant d'autres) les frontières de l'intimité sexuelle n'a placé aucune caméra dans les toilettes seul lieu soustrait au regard des spectateurs. Voir Heinich N. « À l'aise dans la civilisation », in *L'Art en conflit*, La Découverte, 2002.

tion. Il convient de punir « le viol par le viol » (1996 : 95). Inutile d'insister sur le fait que cette « justice » utilise les mêmes formes que celles qu'elles dénoncent ; pour les caïds il ne s'agit pas devenir soi-même un violeur ou un « pédé » et encore moins une « lopette » que d'infliger une sanction sexuelle à quelqu'un qui n'est pas digne d'appartenir au groupe des autres détenus. En conséquence, dès qu'il est identifié comme un « pointeur » le prisonnier stigmatisé doit vivre en permanence sur le qui-vive et éviter les moments à hauts risques que représentent les promenades, les activités sportives, et bien sûr les douches sous peine d'être agressé. Les homosexuels sont également une population carcérale maltraitée. Quand un détenu se déclare — ou est considéré — comme homosexuel, il va être assimilé à une femme et va devoir prendre des habitudes de domesticité. La prison opère donc une confirmation de la perception virile des genres et des rapports sociaux de sexe à l'intérieur même du seul groupe des hommes. Fondée sur le rapport de force et la soumission, la possession du corps n'est alors qu'une turpitude parmi d'autres (vols, insultes, coups, impositions de tâches domestiques).

Le caïdat est aussi conçu en prison comme la domination des anciens sur les plus jeunes. Il est dans cette logique nécessaire d'apprendre à souffrir pour devenir un homme. Apprendre aux nouveaux arrivants à respecter les codes et les rites par l'humiliation et la souffrance est justifié par les volontés de les « blinder », de les rendre plus forts. Mais l'abus des nouveaux est une manière de compenser au prix de la reproduction l'atteinte faite à sa propre virilité. L'abus perpétré représente alors moins une véritable réparation de l'abus subi qu'une sorte de « mistigri symbolique », une banalisation de la violence corporelle « J'y suis passé c'est à leur tour maintenant ».

1.3 La gestion de la sexualité : l'épidémie du Sida, un exemple de logique foucaldienne

L'arrivée du Sida en France et le mode de gestion de l'épidémie constituent un bon exemple de ce type de pouvoir. Liant le sang et le sexe dans une contagion dévastatrice, le Sida réunissait les éléments pour réveiller les peurs ancestrales des grandes épidémies. Le traumatisme opéré par le spectacle du vieillissement accéléré des corps dans une société en quête éperdue de jeunesse s'aggravait des prévisions catastrophiques pour faire de ce fléau « la peste du XXe siècle ». Pourtant, même au début des années quatre-vingt, quand régnait une grande incertitude sur les modes de propagation de l'épidémie, les mesures préventives l'ont emporté sur la tentation répressive. Malgré les inquiétudes manifestes, les politiques publiques firent toujours prévaloir la responsabilisation sur la contrainte (Vigarello, 1993). Il n'y a donc eu aucune utilisation de la loi pour restreindre la pluralité des formes de sexualité, selon le principe de la propriété de son corps et de sa libre disposition. Le refus d'imposer un dépistage systématique comme celui d'adopter toute forme de quarantaine ou de mesures discriminatoires témoignèrent de cette volonté. Loin d'isoler, les campagnes de lutte posaient par contre en premier lieu les questions de la responsabilité et de la solidarité : « Le sida tout le monde peut le rencontrer », « Par votre compréhension des malades, vous luttez contre le sida ». Ces slogans diffusés par les médias ne suggéraient pas de renoncer au plaisir, ils ne mettaient pas en balance les sexualités entre elles pour séparer les légitimes des illégitimes. Était simplement visée la transformation des habitudes pour se protéger de la maladie : ne pas vouloir contraindre l'autre obligeait à agir sur soi par l'élaboration de défense individuelle (le port du préservatif).

Le rôle informatif des centres de dépistage anonyme, gratuit et volontaire ne limita en rien les appétits sexuels mais contribua par contre à la constitution d'un « savoir-pouvoir » sur la maladie. Ce n'est plus la loi qui va contrainte les corps et s'abattre sur des « fautifs » mais la médecine, la psychologie, la sexologie qui vont diffuser toute une série de savoirs investissant le gouvernement individuel du corps. Du coup, le pouvoir sur le corps n'est pas plus l'apanage de quelques acteurs qui en seraient les détenteurs exclusifs contrôlant des groupes qui en seraient totalement dépourvus ; il est en des points innombrables coextensifs de la société entière. Le mode de gestion préventif de l'épidémie suppose bien une capillarité du pouvoir qui n'est identifiable ni dans l'état ni dans les associations (Rivard, 1992).

Dans *La Volonté de savoir*, tout comme il l'avait fait dans *Surveiller et Punir,* Michel Foucault décrit des stratégies de pouvoir dont l'objet ou la cible privilégiée est le corps. Rien d'étonnant à cela puisque l'auteur s'interroge sur la diffusion fine du pouvoir pour battre en brèche l'illusion de sa centralité ; quel meilleur objet aurait-il pu trouver que l'échange intime des corps dans la sexualité ? Ce n'est plus alors le dressage des forces mais le gouvernement des plaisirs qu'il analyse. Partant de l'idée reçue selon laquelle seule la liberté de ton actuelle sur la sexualité aurait autorisé à en parler, l'auteur montre comment le tabou avait eu comme effet de susciter une prolifération de discours en exacerbant l'intérêt. Pour Foucault, il ne peut y avoir de pouvoir, paradoxalement, sans liberté. La police du sexe n'interdit pas, mais suppose au contraire la liberté ; elle séduit en orientant les attentes, investit, incorpore. L'auteur souvent pessimiste fait ici preuve d'un bel optimisme puisqu'il se refuse à voir dans « les techniques de soi » (1994) qu'une forme de pouvoir où les individus prendraient en charge leur propre discipline. Ces techniques de soi parce qu'elles supposent un retour réflexif, un examen de conscience et un aveu à soi-même sont aussi des procédures de production de l'identité. Il n'y a certes pas d'en dehors au pouvoir mais l'individu possède là un contre-pouvoir personnel : la capacité d'action de son corps. D'où l'ambiguïté extrême de la sexualité, lieu tout à la fois où joue dans son opacité le pouvoir mais où aussi se révèle l'expérience « par lequel chacun doit passer pour avoir accès à sa propre intelligibilité, à la totalité de son corps et à son identité » (1994 : 735).

La sexualité est donc simultanément une forme subtile de contrôle et une source libératrice de connaissance sur soi. Pour que la seconde proposition l'emporte sur la première Foucault suggère d'étendre notre conception du plaisir : « Il faut utiliser notre corps comme la source possible d'une multitude plaisir » (1994 :738). Il s'agirait par des formes innovatrices de recherche du plaisir de dépasser l'idée que l'on se fait de soi-même et donc de s'affranchir de la classification intériorisée au plus profond de nous entre plaisirs normaux et pathologiques, légitimes et illégitimes. Cette recherche qui au risque du relativisme, tourne le dos à une conception figée de l'identité sexuelle suppose cependant des identités suffisamment forte pour s'aventurer sans se perdre dans le jeu périlleux de la déstabilisation.

En conclusion, la lutte contre le Sida a entraîné une diversification des ayant droits sur le corps, médecins, patients, associations et collectifs de victimes, hommes politiques, juges. Cette multiplication des points de vue autorisés a mis un terme à l'autonomie des régulations internes au monde de la santé exercée par l'ordre des médecins. La question du bio-pouvoir est particulièrement perceptible dans les problèmes juridiques et moraux que soulèvent les avancées du génie génétique, l'aide à la procréation et les greffes d'organes…

2. Les greffes d'organes, l'aide médicale à la procréation et le clonage : trois terrains d'actualité du bio-pouvoir

Le bio-pouvoir se déploie aujourd'hui au rythme des avancées scientifiques selon ces trois secteurs de recherche. Il questionne le corps sous l'angle de son identité et sous celui de sa propriété. Jusqu'où pousser la nécessité de prise en compte des libres choix individuels ? Inversement, jusqu'où la société peut-elle exercer un droit de préemption sur le corps ? Ces questions sont rendues plus ardues par le processus d'individualisation ; plus les individus semblent souverains plus ils exigent de nouveaux droits subjectifs qui entrent en conflit avec les règles que se donnait la société pour gérer les corps. Ainsi s'entrechoquent le principe d'inviolabilité et d'indisponibilité du corps avec celui de la libre disposition de soi et celui enfin des scientifiques à disposer du vivant comme d'un gisement. Mais encore, le droit de la science à la connaissance s'oppose au droit du sujet à une identité non-duppliquable. Le droit à avoir des enfants (comme argument extrême visant la justification du clonage) heurte le droit au respect de la filiation (c'est-à-dire le refus de pouvoir être à la fois le père et le parfait semblable de son fils-jumeau). Parfois même, ce sont des devoirs qui s'affrontent : celui de lutter contre les maladies (génétiques) et celui de lutter contre toutes formes possibles d'eugénisme. La gestion médicale des corps touche non seulement les familles mais questionne les législateurs quant aux états-limites de l'humain et aux risques de l'espèce. Avec le prélèvement d'organes se pose la question de savoir quand se déshumanise le patient en coma pour devenir le corps gisant du cadavre ? Avec celle de l'aide médicale à la procréation, l'interrogation revient au contraire à se demander quand s'humanise l'embryon et à partir de quand il peut prétendre à des droits ? Enfin, avec les possibilités de modifications génétiques est soulevé le problème du statut d'individu non seulement génétiquement, mais encore juridiquement, symboliquement et socialement, modifié.

2.1 Greffes et dons d'organes

Dans la greffe, le corps est représenté comme un assemblage technique de « morceaux détachables ». Le corps, distinct de l'homme, tend dans son instrumentalisation à être ramené à un mécanisme plus qu'en un organisme ; c'est-à-dire à un ensemble d'éléments plus ou moins complexes, proche de la machine. Pour le soigner, il conviendrait en effet de disposer simplement de « pièces de rechanges » nécessaires à sa réparation. Découpé, fragmenté en des sous-ensembles fonctionnels substituables les uns aux autres (le cœur, les reins, etc...), le corps du donneur est démantelé et celui du receveur morcelé. Cette perte de l'unité corporelle a un autre coût au niveau de l'individuation et de l'identité du sujet. Les avancées cruciales dans le domaine des transplantations sont moins les exploits chirurgicaux médiatisés que les traitements limitant les rejets et permettant aux sujets de tolérer de mieux en mieux un bout d'étranger à l'intérieur de leur propre corps. Le fait d'avoir un corps en état de marche théorique ne suffit donc pas à faire advenir une personne bien portante ni à restaurer sa santé. Dans la greffe, le patient expérimente sa relation au monde et à l'autre en lui plus finalement qu'une simple fonctionnalité biologique.

Pourtant l'analogie avec la machine est d'autant plus marquée que se développent des appareils techniques d'assistance destinés à relayer les organes défaillants : des pompes (valves cardiaques), des stimulateurs (*pacemakers*), des unités de filtrages (reins artificiels et hémodialyse), ventilation (poumons artificiels). Cette machinerie est toujours sous surveillance et la greffe ou l'appareil salvateur sont aussi une source de dépendance et d'inquiétude. La vigilance n'est plus portée vers les troubles somatiques mais focalisée sur l'état de la pile, la vérification des fils, les réglages des débits. Ce qu'on ajoute au corps en fait, comme l'a noté Michel Guillon, un « miraculé et un otage » de la technologie (1979 : 135). Parfois, la vie a quitté le corps, mais la technologie peut continuer à le faire fonctionner artificiellement armée de multiples appareillages. Dans ces situations extrêmes (de comas dépassés et d'états végétatifs) culmine la dissociation entre la personne (déjà morte) et son corps (encore vivant). D'où l'impossibilité de qualifier ce gisant, bien humain pour la famille irrésolue au deuil, mais cadavre pour la médecine qui en fait une réserve d'organes.

En matière de don d'organe, le principe de « consentement éclairé » fidèle à l'esprit du code de Nuremberg de 1947, glissa en France, à partir de 1976, avec la loi Cavaillet, en un « consentement présumé consenti »[1]. Par leur répétition même, les campagnes appelant à la solidarité montrent que les dons d'organes , malgré leur caractère automatique au regard de la loi, en tant qu'atteintes au défunt ne vont pas de soi pour les familles[2]. Ainsi celles menées par l'établissement français des greffes sont vouées à la surenchère. La dernière en date (1999-2000) avait pour support un prospectus en libre-service chez les pharmaciens, intitulé « à vous de choisir ». Il contenait deux cartes opposées : une de donneur (factice et inutile puisqu'au vue de la loi chacun l'est) et une carte d'inscription au registre national des refus. Le choix du don décrit en acte « généreux et civil » contrastait avec le culpabilisant formulaire d'inscription au registre des refus où il fallait remplir les rubriques suivantes :

« Oui, je m'oppose à tout prélèvement d'éléments de mon corps pour :
– soigner des malades ;
– aider la recherche scientifique à aider la vie ;
– rechercher les causes médicales de mon décès ».

Le dépliant permettait d'adopter uniquement une des deux positions suivantes l'approbation ou le refus du don. Non seulement la présentation n'était pas symétrique du point de vue des argumentaires (au principe de solidarité n'était pas opposé par exemple celui d'indisponibilité des corps) mais de surcroît elle n'envisageait pas le cas de figure où tout en étant pour le prélèvement on pouvait être contre la procédure du don présumé consenti et préférer celle stipulant l'assentiment du donneur. Plusieurs enquêtes (Waissman, 2001) montrent les résistances de l'opinion à cette procédure. Ainsi l'enquête nationale de R. Carvais et M.A. Lhermitte (2000) auprès de 1011 personnes révèle la priorité accordée à la protection du corps du donneur. Seuls 14 % des répondants acceptent l'idée que « si le défunt n'a pas

1. Il ne s'agit plus de se porter volontaire pour un prélèvement d'organes, mais en étant donneur présumé d'office, de signaler son refus avant sa mort.
2. Le corps du cadavre n'est plus humain, pourtant il renvoie à un impératif de respect d'où l'indignation face à la profanation des sépultures du cimetière de Carpentras, d'où également la grève des pompiers New-Yorkais quand il s'est agi de dégager les corps des victimes de l'effondrement des tours du « World Trade Center » après l'attentat du 11 septembre 2001, non plus à la main, mais au bulldozer par mesure de sécurité.

exprimé sa volonté avant sa mort, cela signifie qu'il accepte le prélèvement ». R. Waissman (2001) a mené une enquête qualitative auprès de vingt-quatre familles qui avait récemment perdu un de ses membres dans un service de réanimation. Si dix-huit de ces familles étaient favorables au don, six s'y opposaient malgré tout. Certaines des familles favorables le sont sous condition. Elles souhaitent notamment avoir la certitude que le don puisse rétablir une vie. Au rang des facteurs facilitant, l'auteur repère la proximité avec le milieu médical, la rencontre avec des greffés et la proximité avec le receveur. Les facteurs qui freinent le don peuvent être d'ordre religieux mais aussi social. Ainsi, plusieurs familles d'extraction modeste sont d'autant plus réticentes à donner qu'elles mettent en balance ce que la société leur a apporté et ce qu'elle leur demande d'offrir. A. Girard (2000) trouve chez un échantillon plus important de 208 personnes le même type de justification « comptable ».

Plus le corps est envisagé comme distinct de l'homme, plus s'étiole sa signification morale ou religieuse, plus augmente aussi sa valeur technique qui active le statut marchand de ses organes.

Face à ce risque, on repère globalement deux positions : dans les pays du Tiers-monde et à l'intérieur de ceux-ci, les populations les plus déshéritées sont prêtes à vendre une partie d'elles-mêmes (souvent le sang et les cheveux, parfois les yeux et les reins ou même les os) veillant à une limitation morale des possibles. Dans cette circulation à sens unique, les organes strictement tarifés transitent des pays pauvres vers les pays riches. Dans les pays développés (en particuliers occidentaux), l'impératif d'indisponibilité du corps est plus pressant et ne peut se transgresser qu'au nom de l'urgence. Sa levée ne peut s'opérer qu'au nom de la gratuité de l'entraide.

Mais le processus de marchandisation du vivant est en route au niveau de la procréation médicalement assistée.

2.2 Des aides médicales à la procréation

Le champ de la fécondation *in vitro* a été ouvert en 1978 avec Louise Brown, le premier enfant à avoir été conçu hors du corps maternel (en France il faudra attendre 1981 Amandine). En 1984, en Australie, on assiste à la naissance de Zoé, premier bébé ayant été un embryon congelé. En 1985, survient la naissance des premiers jumeaux éprouvettes issus de la même conception mais nés à plusieurs mois de distance. En 1987, une société nommée Fertility and Genetics research Incorporated se spécialise dans la commercialisation d'embryons humains. Le succès est immédiat et la compagnie est côtée en bourse. Moyennant rémunération, des femmes acceptent d'être inséminées avec le sperme du conjoint d'une autre, d'en porter l'enfant et de le restituer à la naissance. Aux États-Unis, le choix du sexe du bébé devient possible. Les jeunes femmes peuvent vendre leur ovule 4 000 dollars l'unité en 1999 ; pour rentabiliser l'opération, l'hyper-stimulation leur permet (au prix d'une ménopause précoce) d'en produire une trentaine par cycle. Les mères porteuses vivent quant à elles des expériences très inégalitaires avec les mères sociales. Les premières en position précaire sont amenées à négocier une part d'elle-même aux secondes. Effet de violence symbolique, elles doivent coûte que coûte considérer leur corps comme de simples abris, des entrepôts où prendra vie les bébés des autres.

En France, les donneuses d'ovocytes en raison même de leur rareté et de la demande exponentielle de fécondation *in vitro* sont très recherchées, mais la loi de 1994 oblige à la gratuité et à l'anonymat. Il s'agit d'effacer la parenté génétique[1] (comme pour le don du sperme) quitte en cela à transgresser la convention internationale des droits de l'enfant (1991) qui posait pour tout enfant le principe de connaître ses origines. La différence des réglementations entre la France et les États-Unis ne porte pas sur l'acte en lui-même, mais sur la procédure gratuite et anonyme.

L'article L.677-3 du code de la santé publique stipule que « le don de gamète nécessite la générosité du donneur. Cette contribution au projet parental d'autrui par altruisme fonde la valeur de l'action ». Reste à savoir si cette générosité à l'égard d'autrui ne traduit pas une indifférence à l'égard de son propre corps. Plusieurs analyses inversent la proposition en se demandant si ce don généreux n'est pas aussi irresponsable en tant qu'enfantement anonyme.

Depuis plus d'une décennie, les affaires clivant partisans et adversaires confrontent justifications médicales, juridiques et philosophiques pour débattre de propositions comme « Peut-on être conçu après la mort de son

1. L'article 675-11 punit quiconque permet à des enfants nés de don de sperme ou de gamètes de connaître son origine.

père ? », « Peut-on être, comme Jocaste, à la fois la grand-mère et la mère de ses enfants ? », « Peut-on avoir le droit de ne pas naître handicapé ? » autant de questions qui renvoient plus à une sociologie de l'éthique qu'à une sociologie du corps.

La question d'éthique « Est-ce que tout ce qui est techniquement possible sur le corps est socialement acceptable ? » ne se pose pas de la même manière aux différents lieux de la production médicale. Dans une enquête pour la *MIRE*, C. Deschamps et A. De Bouvet (2001) constatent que les questions d'éthique ne sont plus soulevées par les délais de passage de la recherche bio-médicale à la clinique mais par l'interaction entre l'une et l'autre. L'étude qui porte sur trois structures (un laboratoire Louis Pasteur, un centre de dépistage du pré-diabète et un centre de médecine fœtale) montre que les questions se posent au quotidien avec le plus d'acuité quand il y a une interface entre les chercheurs et les patients. La structure du laboratoire est tellement coupée de la présence des corps souffrant que l'utilisation des découvertes va de soi dès qu'elle permet la création de start-up ou de dépôt de brevet. Inversement, dans les deux autres structures les discussions éthiques sont les plus vives. Sont alors mises en balance deux conceptions du corps et de la maladie, la première renvoie à un corps machine dont les dysfonctionnements doivent sans état d'âme être réparés (« *disease* »), la seconde décrit la maladie comme une épreuve existentielle (« *illness* »).

2.3 Le clonage

L'offre bio-médicale non seulement annule l'obligation de sexualité[1], mais semble aussi à même d'annihiler le processus de vieillissement. Cette utopie incite à la croyance en un possible corps parfait qui ne connaîtrait plus la maladie. C'est donc la définition même de la santé qui s'en trouve profondément modifiée. La fabrication d'un corps reproductible, falsifiable doté de toutes les qualifications d'un objet scientifique popérien constitue l'ambition néo-positiviste du début du XXIe siècle.

1. La procréation médicalement assistée semble inverser la perspective « libertaire » des années soixante-dix quand, comme le note Baudrillard (1990), il ne s'agit plus de viser plus de sexualité possible avec le moins de reproduction mais au contraire le maximum de reproduction pour un minimum de sexualité.

En 1997, un pas important est franchi en biologie génétique avec le clonage de la brebis Dolly. En 2000, une autre étape décisive est atteinte celle du séquençage complet du génome humain. Malgré son interdiction (en France, loi de 1994), la course au clonage humain est lancée, en particulier entre le génycologue Sévérino Antinori et l'andrologue Panos Zavos. Ces cas déclarés de rebellions, face aux décisions des comités d'éthiques[1] alimentent les controverses publiques. Un faisceau d'opinions négatives concordantes s'expriment à l'encontre de ses chercheurs. Mais adroitement agiter le clonage reproductif comme un épouvantail et un bouc émissaire permet d'opérer un subtil *distingo* entre la culture d'organes ou de tissus isolés à des fins thérapeutiques et la création de la vie par clonage. L'indignation suscitée par les quelques exceptions médiatisées défiant la norme éthique s'accompagne d'un mouvement de plus grande tolérance, voire d'acceptation en ce qui concerne le clonage « non reproductif » (fabrication de tissus disponible en cas de maladie ou d'accident) et surtout de la médecine génétique préventive. Cette appréciation porte essentiellement sur le traitement des maladies héréditaires comme l'hémophilie, la myopathie de Duschène, la chorée de Huntington (Cohen, 1994). La médecine qui prévient prend alors le pas sur la médecine qui guérit, ce qui ne se fait pas d'ailleurs sans risque comme par exemple des usages discriminatoires dans le monde du travail, à l'appui d'un tri génétique.

Emprunts d'un fort déterminisme, certains courants de la biologie moderne voient dans le gène non seulement l'identité du sujet mais encore le chemin tout tracé de son destin. Il convient donc d'analyser avec vigilance la mise en place, déjà effective aux États-Unis, des dépistages des porteurs de gènes susceptibles d'induire des maladies. La distinction est bien mince entre le contrôle biologique médical et le tri génétique eugénique. Encore plus sûrement que le coefficient intellectuel, la prédiction du déclenchement de maladies futures permettraient de vouer l'élite génétique aux emplois d'envergures et les autres à des taches subalternes. Nos compétences seraient ramenées comme dans le film *Bienvenu à Gattaca* à l'évaluation de leur patrimoine génétique.

1. En France, le Comité Consultatif national d'éthique fondé en 1983 par F. Mitterrand, présidé durant plus d'une décennie par J.-P. Changeux s'est toujours prononcé contre le clonage reproductif.

Or pour la sociologie, faut-il le rappeler, il n'y a guère de fatalisme absolu. Les déterminismes sociaux (mêmes pour les auteurs qui leur confèrent une importance centrale) ne sont jamais aussi pesants et irréversibles que le plus petit des déterminismes génétiques. É. Durkheim en établissant *Les Règles de la méthode sociologique* (1895, rééd. 1973) souhaitait considérer « les faits sociaux comme des choses » mais les lois visant leur explication ne cherchaient qu'à enregistrer des régularités relatives et non absolues. Sur notre destin peuvent peser bien des contraintes sociales et des répertoires d'habitudes, nous n'en construisons pas moins notre histoire au gré des interactions. En aucun cas nous ne sommes le produit achevé de notre patrimoine génétique.

CONCLUSION

Au terme de cet ouvrage, nous sommes en mesure de mieux comprendre le rôle tenu par le corps dans notre société, ainsi que la place prise par cet objet dans la sociologie. Qu'il soit décrit comme permettant l'intériorisation des structures sociales, comme outil de l'interaction ou comme source d'appropriation du monde sensible, l'objet-corps renvoie toujours aux différents paradigmes qui l'étudient. Le considérer comme un ensemble d'habitudes de classe ou inversement comme indépendant du marquage social conduit à des oppositions bipolaires caricaturales entre à une extrémité un corps qui ne serait que le produit de logiques sociales dépassant l'individu et à l'autre un individu assimilé à son corps en tant que pure construction autonome. Pour dépasser cette aporie, il s'agit de remarquer à quel point aujourd'hui diverses formes du processus de socialisation encouragent le travail sur le corps comme un facteur d'individuation[1]. Le corps est présenté comme un lieu de découverte de soi, même si cette découverte est aussi celle du rapport personnel aux codes et aux normes.

La gestion de l'identité à travers le corps passe d'abord pour chacun par l'affirmation de sa propriété et le droit à en disposer à sa guise. Agir sur son corps revient à prendre possession de soi. La marque de l'individualité est apportée par le changement corporel qui signe la construction personnelle. Le corps est le premier point d'ancrage où l'individu se construit. Qu'il s'agisse des muscles en *body-buiding*, des trous et des bijoux du *piercing*, du maquillage, du travestissement ou, pour un plus grand nombre d'entre nous, du régime alimentaire et du *jogging*, tous ces attributs et toutes ces pratiques visent la célébration d'un soi souverain (quitte à suivre la mode[2]) par une prise en main du corps. Le corps (plus encore que le sport) contribue à un

1. L'évolution des contenus proposés par les centres de vacances, les clubs de remise en forme en sont de bons exemples.
2. Ces exigences individuelles sont bien sûr adossées à des normes sociales valorisant la prolongation de l'apparence jeune. Elles contraignent l'individu autant qu'elles ne l'émancipent.

mythe égalitaire entretenant l'illusion selon laquelle par-delà nos origines sociales nous serions là sur un pied d'égalité. La distribution inégale de la beauté ne contredit pas cette représentation tant qu'elle s'apparente au résultat d'un tirage de loterie, qui peut contrebalancer les hiérarchies sociales. Mais même là il appartiendrait à l'individu de revenir sur la donne initiale.

Par ses possibilités de transformation, le corps facilite aussi les identités flexibles. Changer d'apparences revient à changer de personnalité, c'est le soi dans sa globalité qui est alors modifié. Se donner un nouveau « look » revient non seulement à se redessiner, mais aussi à se reconstruire de l'intérieur. Ces modifications n'ont souvent rien de définitif. Il en va ainsi chez les sujets coutumiers de fortes variations pondérales qui alternent ascétisme (régime, entraînement physique) et hédonisme (festivité, remise au placard de la balance) (Duret, 1999). Dans une société à forte structuration individualiste, le corps peut passer pour l'ultime partenaire. Il ne devient problématique que lorsque les modifications qu'il autorise ne suffisent plus à combler les attentes de transformation des sujets. Il est alors perçu, comme « un fardeau encombrant » dont on peut toujours essayer de s'alléger par exemple sur Internet en affichant dans le cyberspace des identités artificielles (Le Breton, 1999). De l'apologie du corps à sa négation apparaît le même refus d'une identité figée qui permet d'expliquer des conduites apparemment contradictoires, celles visant une transformation incessante du corps comme celles cherchant sa liquidation.

Ainsi le corps ne permet de se rassurer sur ce que l'on est que lorsque l'image que l'on donne à voir correspond avec l'idée que l'on se fait de soi. Les changements du corps deviennent une menace lorsque ces transformations ne sont pas souhaitées mais subies, comme c'est le cas du vieillissement. Elles mettent en crise l'identité de celui qui, bien installé dans la conviction de rester identique à celui qu'il a été, se voit changer. Perte des cheveux, embonpoint, affaissement musculaire font que l'être que je contemple dans le miroir est un autre. Or pourtant l'étranger qui y a pris place c'est bien moi. Cette lente mais inexorable évolution est propre à relancer la question de l'identité. Ce phénomène se vit le plus souvent de manière épisodique chez les hommes, alors que pour la femme l'image semble déterminer plus directement la position dans le monde social des femmes où il n'est pas seulement question d'appartenance sociale ou de capital culturel, mais de classement esthétique et de catégories d'âge. La ménagère et l'avocate partagent la crainte d'être rangée dans la catégorie des « moches », des « laiderons », « des boudins » et plus encore dans celle fatale des « vieilles » (même si elles ne disposent pas des mêmes ressources pour y échapper ou pour relativiser ce classement).

Le travail d'ajustement entre les transformations corporelles et soi-même, ne dépend donc qu'en partie de sa position dans l'espace social mais plus sûrement encore des valeurs acquises par la socialisation et l'expérience des individus qui déterminent une plus ou moins grande assimilation de leur corps à leur personne. Enfin, d'une manière globale, le supplément d'écoute accordé au corps reflète la place prépondérante faite à un individu plus sensible à son bien-être mais aussi plus vulnérable à sa fragilité.

BIBLIOGRAPHIE

Les titres précédés d'un astérixe sont considérés comme des ouvrages de « premières nécessité », les autres visent à l'approfondissement des connaissances sur un thème précis.

ALBÉRONI F., *Le Choc amoureux*, Paris, Ramsay, 1981.

ALBÉRONI F., *Le Vol nuptial*, Paris, Plon, 1994.

BADINTER E., *XY, De l'identité masculine*, Paris, Odile Jacob, 1992.

BAJOS N., BOZON M., GIAMI A., *Sexualité et Sida, Recherches en sciences sociales*, Paris, ANRS, 1995.

BAJOS N., BOZON M., GIAMI A., FERRAND A., SPIRA A., *La Sexualité au temps du sida*, Paris, PUF, 1998.

BARBARAS R., « De la phénoménologie du corps à l'ontologie de la chair », in GODDARD J.-C. et LABRUNE M. (Eds.), *Le Corps*, Paris, Vrin, 1992.

BAUDRILLARD J., *De la séduction*, Paris, Galilée, 1979.

BAUDRILLARD J., *La Société de consommation*, Paris, Gallimard, « Folio essais », 35, 1986.

BAUDRILLARD J., *L'Échange symbolique et la mort*, Paris, NRF, 1980.

BEAUVOIR S. de., *La Vieillesse*, Paris, Gallimard, 1970.

*BECKER H.S. *Outsiders*, Paris, Métailié, 1985 (1963).

BENNASSARF B., *L'Inquisition espagnole*, Paris, Hachette, 1994.

BENOIST J., KARSENTI B., *Phénoménologie et sociologie*, Paris, PUF, 2000.

BERNARD M., *Le Corps*, Paris, J.-P. Delarge, 1975.

*BERTHELOT J.-M., « Corps et Société », *Cahiers internationaux de sociologie*, LXXIV, 1983 : 119-131.

BERTHELOT J.-M., « Du corps comme opérateur discursif ou les apories d'une sociologie du corps », in *Sociologies et sociétés*, 24, 1992 : 11-18.

BERTHELOT J.-M., DRHULE M., CLÉMENT S., « Les sociologies et le corps », *Current sociology*, 33, 2, 1985 : 77-89.

BERTHERAT T., *Le Corps à ses raisons*, Paris, Seuil, 1976.

BERSANI L., *Homos, repenser l'identité*, Paris, Odile jacob, 1999.

BESSY O., « Les salles de gymnastiques », *Esprit*, 4, 1987 : 79-92.

BESSY O., HILLAIRET D., *Les Espaces sportifs innovants*, Voiron, Presses Universitaires du Sport, 2002.

BETTELHEIM B., *Les Blessures symboliques*, Paris, Gallimard, 1981.

BIRDWHISTELL R.L., *Kinesics and Context. Essays on Body Motion and Communication*, Philadelphie, University of Pensylvannia Press, 1970.

*BLÖSS T., *La Dialectique des rapports hommes-femmes*, Paris, PUF, 2002.

BOETSCH G., CHEVÉ D., *Le Corps dans tous ses états*, Paris, Éditions du CNRS, 1999.

*BOLTANSKI L., *Prime éducation et morale de classe*, Cahier du centre de sociologie européenne, 1969.

BOLTANSKI, L., « Les Usages sociaux du corps », *Annales ESC*, 1971 : 205-229.

BOLTANSKI L., THÉVENOT, L, *De la justification*, Paris, Gallimard, 1991.

*BOREL F., *Le Vêtement incarné : le tatouage et les métamorphoses du corps*, Paris, Calmann-Lévy, 1992.

BOURCIER M.H., *Queer zône*, Paris, Balland, 2001.

BOURDIEU P., *Esquisse d'une théorie de la pratique*, précédé de *Trois études d'ethnologie kabyle*, Genève, Droz, 1972.

BOURDIEU P., *La Distinction, critique sociale du jugement*, Paris, Minuit, 1979.

*BOURDIEU P., *Le Sens pratique*, Paris, Minuit, 1980.

BOURDIEU P., *Choses dites*, Paris, Minuit, 1984.

BOURDIEU P., *La Domination masculine*, Paris, Seuil, 1998.

BOURDIEU P., *Réponses*, Paris, Seuil, 1992.

BOZON M., « Apparence physique et choix du conjoint », in ROUSSEL et TIBERT (Eds.), *La Nuptialité en France*, Paris, INED-PUF, 1991 : 91-110.

BOZON M., « Les significations sociales des actes sexuels », *Actes de la recherche en sciences sociales*, 128, 1999 : 3-23.

BOZON M., « Sexualité et conjugalité », in Bloss (Ed.) *La Dialectique des rapports homme-femmes*, Paris, PUF, 2002.

*BOZON M., *Sociologie de la sexualité*, Paris, Nathan Université, « 128 », 2002.

*BOZON M., HEILBORN M-L., « Les caresses et les mots. Initiations amoureuses à Rio de Janeiro », *Terrain*, 27, 1996 : 37-58.

BUTLER J., *Gender Trouble, feminism and the subversion of Identity*, Londres-New York, Routledge, 1990.

BUTLER J., *Bodies that matter*, New York, Routledge, 1993.

CARÉNINI A., « La symbolique manuelle », in *Histoire des mœurs*, t.2, Paris, Gallimard, « La Pléiade », 1990.

CARROUGES M., *Les Machines célibataires*, Paris, Chène, 1976.

COHEN D., *Les Gènes de l'espoir*, Paris, Laffont, 1994.

*COLE C., *Body studies in the sociology of sport : a review of the field*, in COAKLEY et DUNNING (Eds.), Londres, Sage, 1999.

*CHATEAUREYNAUD F., BESSY C., *Experts et Faussaires*, Paris, Métailié, 1995.

CONDON W.S., « Une analyse de l'organisation comportementale », in COSNIER et BROSSARD (Eds.), *La Communication non verbale*, Neuchatel, Delachaud et Niestlé, 1984.

COPE SAGUY A., « Sexual Harassment in France and the united states : activists and public figures defends their definition », in LAMONT, THÉVENOT (Eds.), *Rethinking comparative cultural sociology*, Cambridge, Cambridge University Press, 2001 : 56-94.

DARMON M., *Approche sociologique de l'anorexie : un travail de soi*, thèse de sociologie, Paris V, 2001.

DEFRANCE J., *L'Excellence corporelle*, Rennes, Presses universitaires de Rennes.

DELEUZE G., « Écrivain non : un nouveau cartographe », *Critique*, 343, 1975 : 1027-1227

DELEUZE G., *Foucault*, Paris, Minuit, 1986.

DELEUZE G., *Le Pli*, Paris, Minuit, 1988.

DESCHAMP C., DE BOUVET A., « Recherches de critères éthiques de validité du passage de la recherche biomédicale à la clinique », *Cahiers de recherche de la MIRE*, 12, 2001 : 3-8.

DEVREUX A.M., « Sociologie contemporaine et re-naturalisation du féminin », in GARDEY, D, LOWY, I. (Eds.), *L'Invention du naturel*, Editions des Archives contemporaines, Paris, 2000 : 125-136.

DURET P., VIGARELLO G., « La machine et la chute », *Ethologie française*, 3, 1991 : 314-319.

DURET P., *Anthropologie de la fraternité dans les cités*, Paris, PUF, 1996.

DURET P., « Faire la manche dans le métro », in DURET et GUY (Éds.) *Les Jeunes en difficulté*, Paris, Arléat-Corlet, « Panoramiques », 1996 :51-59.

DURET P., « Du corps à l'identité sexuée », *Agora*, 18, 1999 : 41-49.

DURET P., « On ne naît pas homme on le devient », *Sciences humaines*, 112, 2001 :32-35.

*DURET P., *Les Jeunes et l'identité masculine*, Paris, PUF, 1999.

DURET P., TRABAL P., *Le Sport et ses Affaires*, Paris, Métailié, 2001.

DURKHEIM É., « Détermination du fait moral », *Sociologie et philosophie*, Paris, PUF, 1996 : 49-116.

EDELMAN B., GAVARINI L., TORT M., *Le Magasin des enfants*, Paris, Gallimard, 1990.

EFRON D., *Gesture, race and Culture*, La Haye, Mouton, 1972.

EKMAN P., « Facial effect scoring technique », in WEITZ (Ed.), *Non verbal communication*, New-York, Oxford University Press, 1974.

EKMAN P., *Telling lies*, New York, Norton, 1982.

ERIBON D., *Réflexion sur la question gay*, Paris, Fayard, 1999.

*Fassin E., « Dans des genres différents : le féminisme au miroir transatlantique ", *Esprit,* 11, 1993 : 99-112.

Fischler C., « La symbolique du gros », *Communication*, 46, 1987 : 255-277.

Foucault M, *Surveiller et Punir*, Paris, Gallimard, 1975.

*Foucault M., *Histoire de la sexualité*, t.1 : *La volonté de savoir*, Paris, Gallimard, 1976.

*Foucault M., *Histoire de la sexualité*, t.2 : *L'usage des plaisirs*, Paris, Gallimard, 1984.

Foucault M., « Omnes et singulatim », *Le Débat*, 41, 1986 : 5-35.

Foucault M., *Dits et écrits*, Paris, Gallimard, 1994.

Frey S., « Analyse intégrée du comportement non verbal et verbal dans le domaine de la communication », in Cosnier et Brossard (Eds.), *La Communication non verbale*, Neuchatel, Delachaux et Niestlé, 1984.

Garaud P., « Une question taboue : l'homosexualité à La Réunion », *Séminaire CURAPS*, Université de La Réunion, 2002.

*Giddens A., « Identité de soi, transformation de l'intimité et démocratisation de la vie » in Audet et Bouchikhi (Eds.) *Structuration du social et modernité avancée*, Laval, Presses universitaires de Laval, 1993.

Girard R., *La Violence et le sacré*, Paris, Grasset, 1972.

Girard A., « Réticence au prélèvement d'organes : égoïsme ou résistance au bio-pouvoir », *Sciences sociales et santé*, vol 15, 1 : 53-54, 2001.

Godelier M., Panoff M., *La Production du corps*, Paris, Archives contemporaines, 1998.

*Goffman E., *Encounters : two studies in the sociology of the intercation*, Allen Lane, Pinguin Press, 1961.

Goffman E., *La Mise en scène de la vie quotidienne*, 1- *La présentation de soi*, Paris, Minuit, 1973.

Goffman E., La Mise en scène de la vie quotidienne, 2-*Les relations en public*, Paris, Minuit, 1973.

Goffman E., *Les Rites d'interaction*, Paris, Minuit, 1974.

GOFFMAN E., *Stigmate, les usages sociaux des handicaps*, Paris, Minuit, 1975.

GOFFMAN E., *Les Cadres de l'expérience*, Paris, Minuit, 1991.

GOJARD S., « L'alimentation dans la prime enfance. Diffusion et réception des normes de puériculture », *Revue française de sociologie*, vol.41, n° 3, 2000 : 475-512.

GRIFFET J., « Théorie et expériences dans les récits d'aventures vécues », *Sciences et Motricité*, 18, 1992 : 27-33.

GRIFFET J., « Le partage de l'expérience », *Sociétés*, 45, 1994 : 311-324.

GRIGNON C., PASSERON J.-C., *Le Savant et le Populaire*, Paris, Gallimard/ Seuil, 1989.

GRÖNING K., *La Peinture du corps*, Paris, Arthaud, 1997.

GUILLON M., « Le corps et l'appareil », *Traverses*, n° 15, 1979 : 134-141.

HABIB C., *Le Cconsentement amoureux*, Paris, Hachette, 1999.

HELLBRUN B., « Marquer les produits, marquer le corps », *Cultures en mouvement*, 39, 2001 : 46-51.

HENSLIN J, BIGGS M., « The sociology of the vaginal examination », in HENSLIN (Ed.) *Down to Earth*, New-York the Free press, 1993 : 235-247.

HIRATA H., LABORIE, F., LE DOARÉ H., SENOTIER D., *Dictionnaire critique du féminisme*, Paris, PUF, 2000.

JUHEM P., « Les Relations amoureuses des lycéens », *Société contemporaines*, 21, 1995 : 29-42.

*KAUFMANN J.-C., *Corps de femmes, regards d'hommes*, Paris, Nathan, 1995, Pocket, coll. « Agora », 1999.

KENDON A., « The organization in face to face interaction : Observation on the development of a methodologie », in SCHERER, EKMEAN (Eds.) *Handbook of method in non verbal behavior research*, Cambridge, Cambridge university press, 1982 : 440-505.

KENDON A., « Some uses of gesture », in SABILLE-TROIKE (Ed.) *Perspectives on silence*, Newood, Ablex publishing corporation, 1985.

KENDON A., *Conducting interaction*, Cambridge, Cambridge University Press.

KEPEL G., *À l'ouest d'Allah,* Paris, Seuil, 1994.

LAGRANGE H., LHOMOND B., *L'Entrée dans la sexualité*, Paris, La Découverte, 1997.

*LE BRETON D., *Anthropologie du corps et modernité*, Paris, PUF, 1990.

LE BRETON D., *Sociologie du corps*, Paris, PUF, « Que Sais-je », 1992.

LE BRETON D., « Le corps comme un double de l'homme », *Cultures en mouvement*, 13, 1998 : 52-55.

LE BRETON D., *Les Passions ordinaires : Anthropologie des émotions*, Paris, Armand Colin, 1998.

LE BRETON D., *L'Adieu au corps*, Paris, Métailié, 1999.

LE BRETON D., « Le bricolage identitaire de soi », *Cultures en mouvements*, 38, 2001.

*LE BRETON D., *Signes d'identité*, Paris, Métailié, 2002.

LASCH C., *Le Complexe de narcisse*, Paris, Laffont, 1981.

LIPOVEPTSKY G., *L'Ère du vide*, Paris, Gallimard, 1984.

LOWEN A., *Narcisism*, New-york, macmillan, 1983.

LOWEN A., *La Bio-énergie*, Paris, Tchou, 1977.

MASSARA E., « Obesity and cultural weight valuation : the porto-ricain case », *Appetite*, 1, 1984 : 291-298.

MACCOBY E., JACKLIN S., *Gender segregation in childhood*, New York, New-York Academdic Press, 1987.

MAISONNEUVE J., BRUCHON-SCHWEITZER M., *Le Corps et la Beauté*, Paris, PUF, 1999.

MACCOBY E., JACKLIN S., *Gender segregation in childhood*, New York, New-York Academdic Press, 1987.

MAUGER G., FOSSE-POLLIAK C., « Les Loubards », *Actes de la recherche en sciences sociales*, n° 90, 1983 : 49-67.

MAUGER G., « Foucault, un nouveau militantisme », *Sociétés et représentations*, 3, 1996 : 51-77.

MEAD M., *L'un et l'autre sexe*, Paris, Denoël/Gonthier, 1966.

MÉCHERI H.F., *Les Jeunes immigrés de la deuxième génération*, Paris, L'Harmattan, 1994.

MONOD J., *Les Barjeots*, Paris, Julliard, 1968.

MENNESSON C., « Hard women and "soft" women, the social construction of identities among female boxers », *International review for the sociology of sport*, 35, 2000 (a) : 21-33.

MENNESSON C., *Des Femmes au monde des hommes*, Thèse en sciences sociales, Paris V, 2000 (b).

MERCADER P., *L'Illusion transexuelle*, Paris, L'Harmattan, 1994.

MERLEAU-PONTY M., *Phénoménologie de la perception*, Paris, Gallimard, 1945.

MERLEAU-PONTY M., *Le Visible et l'invisible*, Paris, Gallimard, 1964.

MESSNER M.A., MC KAY J., DON SABO., *Masculinities, gender relations and sport*, Londres, Sage, 2000.

NAHOUM-GRAPPE V., « Les canons de la laideur », *Communications*, 60, 1995 : 29-43.

NELKIN D., LINDEE M.S., « Sommes-nous pilotés par nos gènes ? », *La Recherche*, 311, 1998 : 36-42.

PATOUILLARD V., « L'usage du corps dans une situation exceptionnelle : le ZAP d'Act-up Paris », *Sociétés contemporaines*, 31, 1998 : 15-36.

PERLS F.S., *Gestalt thérapy verbatim*, Moab, Real People Press, 1969.

PIERSON M. L, *Guide des psychothérapies*, Paris, Bayard, 1993.

PIETTE A., *Ethnographie de l'action*, Paris, Métailié, 1996.

PINÇON M., PINÇON-CHARLOT, *Voyage en grande bourgeoisie*, Paris, PUF, 1998.

PINTO L., *Pierre Bourdieu et la théorie du monde social*, Paris, Albin Michel, 1999.

PITTS V., « Body modification », in *Body and society*, 5, 1999.

POCIELLO C., *Sports et société*, Paris, Vigot, 1981.

POLLAK M., *Une Identité blessée*, Paris, Métailié, 1993.

RAUCH A., *Boxe, violence du XXe siècle*, Paris, Aubier, 1992.

REICH W., *Les Fonctions de l'orgasme*, Paris, L'Arche, 1952.

RIVARD P., « Corps, sexe et pouvoir : pour une problématique foucaldienne de l'épidémie du Sida », *Sociologies et société*, Vol. XXIV, n° 1, 1992 : 122-139.

RIVIÈRE C., *Les Rites profanes*, Paris, PUF, 1995.

WEED E., SCHOR N., *Feminism meets queer theory,* Indiana University Press, 1997.

ROUSSEL P., GRIFFET J., « The path chosen by females bodybuilders : a tentative interpretation. », in *Sociology of sport journal*, 17, 2000 : 130-150.

*SAOUTER A., *Être rugby*, Paris, Maison des Sciences de l'Homme, 2000.

SCHERER K., EKMAN P., *Handbook of methods in non verbal behavior research*, Cambridge, Cambridge University Press, 1982.

SENNET R., *Les Tyrannies de l'intimié*, Paris, Seuil, 1979.

SIMMEL G., « Essai sur la sociologie des sens », *Sociologie et Épistémologie*, Paris, PUF, 1981.

SINGLY F de., « Fidélité et infidélité », *Sciences Humaines*, 20, 1992 : 36-38.

SINGLY F. de., « Les habits neufs de la domination masculine », *Esprit*, 11, 1993 : 54-64.

SINGLY F. de., « La tension entre le populisme et le misérabilisme dans les recherches sur les genres », in EPHESIA, *La Place des femmes. Les enjeux de l'identité et de l'égalité au regard des sciences sociales,* Paris, La Découverte, 1995 : 115-120.

*SINGLY F de., *Le Soi, le Couple, la Famille*, Paris, Nathan, 1996.

*SINGLY F de., « Charges et charmes de la vie privée », in LAUFER, MARRY, et MARUANI (Eds.) *Masculin-féminin : questions pour les sciences de l'homme*, Paris, PUF : 149-167.

*SINGLY F de., CHALAND K., « Quel modèle pour la vie à deux dans les sociétés modernes avancées ? », *Comprendre*, n° 2, PUF, « Le Lien familial », 2001.

SPIRA A, BAJOS N, et coll. *Les Comportements sexuels en France*, Paris, La Documentation française, 1993.

STRAUSS A., *Continual permutations of actions*, New york, Adline de Gruyter, 1993.

STEINBERG S., *La Confusion des sexes*, Paris, Fayard, 2001.

TOUCHÉ M., « Les rapports sonores des skateurs », in JACCOUD, PÉDRAZINNI (Ed.), *Glisser dans la ville*, Neuchatel, CIES.

TURNER B, TURNER S., *The Body and sociéty*, Londres, Sage, 1996.

*VIGARELLO G., *Le Corps redressé*, Paris, Armand Colin, 2001.

VIGARELLO G., « Le corps entre illusions et savoir », *Esprit*, 2, 1982 : 5-8.

VIGARELLO G., « Les vertiges de l'intime », *Esprit*, 2, 1982 : 68-78.

*VIGARELLO G., *Le Sain et le Malsain*, Paris, Seuil, 1993.

VIGARELLO G., « Modèles anciens et modernes de gouvernement du corps », in *Communication*, 56, 1993 : 9-24.

*VIGARELLO G., *Histoire du viol*, Paris, Seuil, 1998.

WAISSMAN R., *Le Don d'organe*, Paris, PUF, 2001.

WELZER-LANG D., MATTHIEU L., *Les Abus dits sexuels en prison*, Paris, MIRE, 1996.

WINKIN Y., (Ed.) *La Nouvelle Communication*, Paris, Seuil, 1981 : 160-190.

WIKIN Y., « Langage du corps » et « communications non verbales », croyance populaire et discours savant, in *Actes de la Recherche en Sciences Sociales*, 60, 1985 : 75-79.

WOODWARD K., *Figuring ages : woomen, bodies, generation,* Bloomington, Indiana University Press, 1999.

ZÉGHIDOUR S., *Le Voile et la Bannière*, Paris, Hachette, 1990.

INDEX DES AUTEURS

N° d'éditeur 10105845 AXEL
Imprimé en France par MAME Imprimeurs à Tours
Dépôt légal : Juin 2003 - N° d'imprimeur : 03062104
Flashage numérique CTP